SE 07

Curso
MAD360

*La diferencia entre aprobar
y sacar plaza*

Conserje

COMUNIDAD FORAL DE NAVARRA

AF212130

Si aún no dispones de tu **Curso MAD360**, te ofrecemos un acceso GRATIS de 30 días para que disfrutes de los siguientes recursos:

- Técnicas de Memoria 360.
- MADTEST: Test *online* NIvel PRO.
- Temario en formato digital.
- Planificación de estudio.
- Acceso al Curso *online* de psicotécnicos.
- Foro entre opositores hasta la fecha del examen.*
- Recursos y novedades exclusivas.
- Consúltanos sobre tu oposición y proceso selectivo.
- Actualizaciones legislativas (Boletines Oficiales) hasta 60 días antes de la fecha del examen.*

Para acceder a esta prueba del Curso MAD360** será necesaria la compra de todos los libros para esta especialidad de la edición 2025.

Regístrate en **mad.es/iniciar-sesion** y en la pestaña BIBLIOTECA valida los códigos que encuentras en la última página de tus libros.

NOTA IMPORTANTE:

* Examen de esta categoría profesional correspondiente a la convocatoria publicada en el BON núm. 101, de 22 de mayo de 2025, o hasta el 30 de junio de 2026, lo que se cumpla antes, y previa renovación del servicio.

** El acceso al CURSO MAD360 estará disponible desde junio de 2025 (algunos recursos podrían estar disponibles en fecha posterior). Tendrá una duración de 30 días RENOVABLES mediante pago, desde la validación de códigos, o hasta el 31 de diciembre de 2026, lo que se cumpla antes.

MAD se reserva el derecho a ampliar dichas fechas.

Conserje de la Administración de la Comunidad Foral de Navarra

Junio 2025

Conserje de la Administración de la Comunidad Foral de Navarra

Test

Autores

JOSÉ ANTONIO GUERRERO ARROYO
CUERPO SUPERIOR DE LETRADOS

ÁLVAR MUÑOZ LABIANO
LICENCIADO EN DERECHO

PATRICIA PÉREZ SÁNCHEZ-ROMATE
LICENCIADA EN DERECHO

LIDIA PONCE MARTÍNEZ
LICENCIADA EN PSICOLOGÍA

FRANCISCO JESÚS TORRES FONSECA
LICENCIADO EN DERECHO

© 7 Editores Recursos para la Cualificación Profesional y el Empleo, S.L. (7 Editores)
© Los autores
Primera edición, junio 2025 (328 páginas)
Derechos de edición reservados a favor de 7 Editores
IMPRESO EN ESPAÑA
Diseño Portada: 7 Editores
Edita: 7 Editores
Avda. San Francisco Javier, 9 · Edificio Sevilla 2 · Planta 11 · Módulos 25-27 · 41018 Sevilla
Teléfono: 954 784 411 · WEB: www.mad.es · e-mail: administracion@7editores.com
ISBN: 978-84-142-9698-1
© "Editorial Mad" y "Eduforma" son nombres comerciales registrados de
7 Editores Recursos para la Cualificación Profesional y el Empleo, S.L.

Índice

PARTE GENERAL

Test n.º 1. La Constitución Española de 1978: principios generales. Derechos y deberes fundamentales. La Corona. Las Cortes Generales: composición y funciones. El Gobierno y la Administración del Estado. El Poder Judicial. El Tribunal Constitucional: composición, naturaleza y competencias *(135 preguntas)* 13

Test n.º 2. La Unión Europea: El Parlamento Europeo. El Consejo Europeo. El Consejo de la Unión Europea: competencias, estructura y funcionamiento. La Comisión Europea: composición, organización y funcionamiento. El Tribunal de Justicia. Las fuentes del ordenamiento jurídico Comunitario: el Derecho Originario y el Derecho Derivado *(115 preguntas)*. 45

Test n.º 3. La Ley Orgánica de Reintegración y Amejoramiento del Régimen Foral de Navarra: naturaleza y significado. El Título Preliminar. Las competencias de Navarra *(36 preguntas)* 73

Test n.º 4. El Parlamento o Cortes de Navarra: composición, organización y funciones. La Cámara de Comptos de Navarra: ámbito de competencia, funciones y órganos. El Defensor del Pueblo de la Comunidad Foral de Navarra: funciones, procedimiento y resoluciones *(39 preguntas)* 83

Test n.º 5. El Gobierno de Navarra: funciones. Composición, nombramiento, constitución y cese. Atribuciones y competencias. Funcionamiento. Órganos de asistencia y apoyo. Responsabilidad política, control parlamentario y disolución del Parlamento. La Presidenta o Presidente del Gobierno de Navarra. Las Vicepresidentas o Vicepresidentes y las Consejeras o Consejeros del Gobierno de Navarra *(26 preguntas)* 93

Test n.º 6. Las Fuentes del Derecho: la jerarquía de las fuentes. La Ley. Las disposiciones del ejecutivo con rango de ley. La iniciativa legislativa y potestad para dictar normas con rango de ley. El Reglamento: concepto, clases y límites. La potestad reglamentaria del Gobierno *(50 preguntas)*.. 101

Test n.º 7. La Ley Foral 11/2019, de 11 de marzo, de la Administración de la Comunidad Foral de Navarra y del Sector Público Institucional Foral. Título I: "Disposiciones Generales". Título II: capítulo I "Administración Pública Foral". Capítulo II "De la organización de la Administración Pública Foral". Capítulo III "Régimen jurídico del ejercicio de las competencias". Capítulo IV "Órganos colegiados". Título III: capítulo I "Organización de la Administración de la Comunidad Foral de Navarra". Título VI: capítulo I "Derechos de las personas" *(26 preguntas)*.. 115

Test n.º 8. Los actos administrativos. Requisitos de los actos administrativos. Eficacia de los actos. Nulidad y anulabilidad. La revisión de los actos en vía administrativa: revisión de oficio y recursos administrativos *(32 preguntas)* 123

Test n.º 9. Las disposiciones generales sobre el procedimiento administrativo: los interesados en el procedimiento. De la actividad de las Administraciones Públicas: normas generales de actuación; términos y plazos. Garantías del procedimiento. Iniciación, ordenación, instrucción y finalización del procedimiento. Ejecución *(56 preguntas)* 131

Test n.º 10. El Estatuto del Personal al servicio de las Administraciones Públicas de Navarra: clases de personal. La selección de los funcionarios públicos. La adquisición y pérdida de la condición de funcionario. La carrera administrativa. Las situaciones administrativas. La provisión de puestos de trabajo. Derechos y deberes *(52 preguntas)* 149

Test n.º 11. Ley Foral 13/2007, de 4 de abril, de la Hacienda Pública de Navarra: Del ámbito de Aplicación y de la Hacienda Pública de Navarra. Los Presupuestos Generales de Navarra: contenido y aprobación; ejecución y liquidación *(20 preguntas)* 165

Test n.º 12. La Ley Foral 5/2018, de 17 de mayo, de Transparencia, Acceso a la Información Pública y Buen Gobierno: Disposiciones generales. Ley Orgánica 3/2018, de 5 de diciembre, de Protección de Datos Personales y garantía de los derechos digitales. Disposiciones generales. Principios de protección de datos. Derechos de las personas. La Ley Orgánica 3/2007, de 22 de marzo, para la Igualdad Efectiva de mujeres y hombres: el principio de igualdad y la tutela contra la discriminación. La Ley Foral 17/2019, de 4 de abril, de Igualdad entre mujeres y hombres *(35 preguntas)* 171

PARTE ESPECÍFICA

Test n.º 1. Organización y funcionamiento de los centros educativos en la Comunidad Foral de Navarra: Decreto Foral 24/1997, de 10 de febrero, por el que se aprueba el reglamento orgánico de las escuelas públicas de educación infantil, colegios públicos de educación primaria y colegios públicos de educación infantil y primaria en el ámbito territorial de la Comunidad Foral de Navarra: título II y título III *(20 preguntas)* 185

Test n.º 2. Organización y funcionamiento de los centros educativos en la Comunidad Foral de Navarra: Decreto Foral 25/1997, de 10 de febrero, por el que se aprueba el reglamento orgánico de los institutos de educación secundaria en el ámbito territorial de la Comunidad Foral de Navarra: título II y título III *(20 preguntas)* 193

Test n.º 3. Atención a la ciudadanía. La comunicación: fundamentos y niveles. Estilos y barreras de la comunicación. Habilidades Sociales y Asertividad. Resolución de conflictos. La escucha activa *(35 preguntas)*.............. 201

Test n.º 4. Tareas Auxiliares de apoyo (I). Manejo y mantenimiento básico de máquinas auxiliares de oficia: fotocopiadoras, escáneres, plastificadoras, multicopistas, encuadernadoras, destructoras y teléfonos multilínea *(30 preguntas)* 211

Test n.º 5. Tareas Auxiliares de apoyo (II). Reglamento por el que se regula la prestación de los servicios postales (Real Decreto 1829/1999, de 3 de diciembre): Disposiciones Generales; Garantías de los usuarios de los servicios postales y límite de las mismas; Envíos y servicios postales; Prestación del servicio postal universal. Tipos de correspondencia: certificados, notificaciones, cartas ordinarias, urgentes y paquetería para su posterior envío *(45 preguntas)* 219

Test n.º 6. Tareas Auxiliares de apoyo (III). Gestión de material y control de facturas *(20 preguntas)* 233

Test n.º 7. Electricidad básica. Conocimiento, manejo y mantenimiento de herramientas básicas de electricista (destornilladores, tijeras, alicates y otras herramientas) Cuadros de distribución en edificios (Interruptor de control de potencia, magnetotérmicos, diferenciales). Circuitos de sonería (pulsadores, timbres). Circuitos de alumbrado básico (interruptores, conmutadores, bases de enchufe con y sin toma de tierra, lámparas). Circuitos de alumbrado fluorescente (cebadores, reactancias, lámparas fluorescentes). Circuitos singulares (alarmas, alumbrado de emergencia) *(30 preguntas)* 239

Test n.º 8. Mecánica básica. Conocimiento, manejo y mantenimiento de herramientas básicas de mecánico (martillos, destornilladores, distintos tipos de llaves, sierras, taladro portátil, y otras herramientas) *(70 preguntas)* 247

Test n.º 9. Carpintería Metálica. Operaciones básicas de cerrajería (ajuste de puertas y ventanas, cerraduras y bombines, mantenimiento de mobiliario metálico) *(12 preguntas)* 265

Test n.º 10. Fontanería. Conocimiento, manejo y mantenimiento de herramientas básicas de fontanero. Mantenimiento de instalaciones de fontanería (sanitarios, grifería, cisternas, sifones) *(30 preguntas)* 269

Test n.º 11. Calefacción. Mantenimiento de instalaciones de calefacción (circuitos, llenado y purgado del aire. Radiadores. Salas de calderas, elementos importantes) *(30 preguntas)* 277

Test n.º 12. Carpintería de madera. Conocimiento, manejo y mantenimiento de herramientas básicas de carpintero (martillos, sierras, formones, taladro eléctrico, lijas, colas, y otras herramientas y accesorios). Operaciones básicas de carpintería (ajuste de puertas y ventanas). Cerraduras y bombines. Persianas: Tipos, mantenimiento y reparación *(30 preguntas)*... 285

Test n.º 13. Jardinería. Conocimiento, manejo y mantenimiento de herramienta básica de jardinería (tijeras de poda, cortacésped, escarificadora, desbrozadora, cortasetos, azadas, palas, rastrillos, y otras herramientas). Operaciones básicas de mantenimiento de jardines (colocación de aspersores, regulación y puesta en funcionamiento, conservación de instalaciones de riego, limpieza, calendario de labores de conservación de jardines). Conocimientos básicos de aplicación de productos para el jardín (abono, insecticidas, planificación de fertilización, buenas prácticas ambientales en el uso de productos fitosanitario) *(30 preguntas)* 293

Test n.º 14. Albañilería. Conocimiento, manejo y mantenimiento de herramienta básica de albañilería. Funciones y tareas básicas a realizar en trabajos de albañilería *(30 preguntas)* 301

Test n.º 15. Pintura. Conocimiento, manejo y mantenimiento de herramienta básica de Pintura. Mantenimiento de pintura. Funciones y tareas básicas a realizar en trabajos de pintura *(30 preguntas)*................................. 309

Test n.º 16. Riesgos y emergencias. Ley 31/1995, de 8 de noviembre, de Prevención de Riesgos Laborales: capítulo I. Objeto, ámbito de aplicación y definiciones; capítulo III. Derechos y obligaciones. Real Decreto 393/2007, de 23 de marzo, por el que se aprueba la Norma Básica de Autoprotección de los centros, establecimientos y dependencias dedicadas a actividades que puedan dar origen a situaciones de emergencia: Disposiciones Generales; anexo II. Contenido mínimo del Plan de Autoprotección; anexo III. Definiciones. Normas de seguridad y precaución en las reparaciones *(35 preguntas)*.. 317

PARTE GENERAL

TEST N.º 1

La Constitución Española de 1978: Principios generales. Derechos y deberes fundamentales. La Corona. Las Cortes Generales: composición y funciones. El Gobierno y la Administración del Estado. El Poder Judicial. El Tribunal Constitucional: Composición, naturaleza y competencias

1. ¿En qué se fundamenta la Constitución Española?

a) En un Estado social y democrático de Derecho.
b) En la indisoluble unidad de la Nación española.
c) En la independencia de los poderes del Estado.
d) En la organización territorial del Estado.

2. Según el artículo 3 de la CE, el castellano es la lengua oficial del Estado y todos los Españoles:

a) Tienen el deber de usar y el derecho de conocer el castellano.
b) Tienen el derecho y el deber de conocer el castellano.
c) Tienen el deber de conocer y el derecho de usar el castellano.
d) Tienen el derecho de conocer y usar el castellano.

3. La Constitución Española reconoce y garantiza el derecho a la autonomía:

a) De las nacionalidades que la integran.
b) De las regiones que la integran.
c) De las Comunidades Autónomas que la integran.
d) De las nacionalidades y regiones que la integran.

4. El Preámbulo de la Constitución:

a) Tiene en sí carácter de norma jurídica.
b) Es una declaración de intenciones, destinada a interpretar lo que se quiere alcanzar con el contenido normativo de la Constitución.

c) Se trata de un texto sin fuerza jurídica de obligar.
d) Las respuestas b) y c) son correctas.

5. Señala la afirmación correcta, respecto de la aprobación, ratificación y publicación de la Constitución Española:

a) Aprobada por las Cortes el 31 de octubre de 1978, ratificada por el pueblo en referéndum el 6 de diciembre de 1978 y publicada el 29 de diciembre de 1978.
b) Aprobada por las Cortes el 30 de octubre de 1978, ratificada por el pueblo en referéndum el 16 de diciembre de 1978 y publicada el 27 de diciembre de 1978.
c) Aprobada por las Cortes el 31 de octubre de 1978, ratificada por el pueblo en referéndum el 16 de diciembre de 1978 y publicada el 29 de diciembre de 1978.
d) Aprobada por las Cortes el 10 de octubre de 1978, ratificada por el pueblo en referéndum el 26 de diciembre de 1978 y publicada el 30 de diciembre de 1978.

6. ¿En qué parte de la Carta Magna se establece la exposición de motivos que impulsan la norma constitucional y los objetivos que con ella se pretenden alcanzar?

a) En el Título preliminar.
b) En el Preámbulo.
c) En el Título I.
d) En el Título II.

7. La Constitución Española fue sancionada por:

a) El Rey.
b) El Presidente del Congreso.
c) Las Cortes Generales.
d) El Presidente del Gobierno.

8. ¿Cuáles de los siguientes españoles de origen pueden ser privados de su nacionalidad?

a) Exclusivamente los miembros de grupos terroristas.
b) Los miembros de grupos terroristas y los que atenten contra el Rey u otro miembro de la Casa Real.
c) Los que atenten contra un miembro de la Familia Real o del Gobierno de la Nación.
d) Ningún español de origen podrá ser privado de su nacionalidad.

9. Según la CE son fundamentos del orden político y la paz social:

a) La dignidad de la persona, los derechos violables que les son inherentes y el respeto a la ley.
b) La dignidad de la persona, el desarrollo limitado de la personalidad y el respeto a la ley.

c) El respeto a la ley, a los reglamentos administrativos y demás disposiciones legales.

d) La dignidad de la persona, los derechos inviolables que le son inherentes, el libre desarrollo de su personalidad, el respeto a la ley y a los derechos de los demás.

10. ¿Cuál de los siguientes es considerado por la CE como uno de los valores superiores del ordenamiento jurídico?

a) La jerarquía normativa.
b) El pluralismo político.
c) La publicidad normativa.
d) La equidad.

11. La forma política del Estado español es:

a) Democracia parlamentaria.
b) Gobierno parlamentario.
c) Monarquía parlamentaria.
d) República democrática.

12. La parte de la CE que regula la estructura de los principales órganos del Estado recibe el nombre de:

a) Parte dogmática.
b) Parte orgánica.
c) Parte estatal.
d) Parte estructural.

13. Según la CE, la soberanía nacional:

a) Corresponde a las Cortes Generales, al estar compuestas por los representantes del pueblo.
b) Corresponde al Rey.
c) Reside en el pueblo español.
d) Corresponde al Gobierno de la Nación elegido directamente por el pueblo.

14. El derecho a la propiedad en nuestra Constitución es un Derecho:

a) Inherente a la condición humana.
b) Absoluto.
c) Limitado por la función social de la misma.
d) Ninguna de las respuestas anteriores es correcta.

15. ¿En qué parte de la Carta Magna se señalan los valores superiores del ordenamiento jurídico?

a) En el Preámbulo.
b) En el Título Preliminar.

c) En el Título I.

d) Ninguna respuesta es correcta.

16. ¿Cuál de las siguientes es una de las características de nuestra Constitución de 1978?

a) Consensuada.

b) Corta.

c) Conservadora.

d) Originalidad.

17. Son el fundamento del orden político y de la paz social:

a) El libre desarrollo de la personalidad.

b) Los derechos inviolables que les son inherentes.

c) El respeto a la ley y a los derechos de los demás.

d) Todas las respuestas son correctas.

18. Señala la respuesta incorrecta respecto al Tribunal Constitucional:

a) Se organiza a través de las figuras del Presidente, el Pleno, las Salas y las Secciones.

b) El Presidente, será nombrado entre sus miembros por el Rey, a propuesta del mismo Tribunal en Pleno y por un período de tres años.

c) El Pleno lo preside el Presidente del Tribunal y, en su defecto, el Vicepresidente y, a falta de ambos, el Magistrado de mayor edad.

d) La distribución de asuntos entre las Salas del Tribunal se efectuará según un turno establecido por el Pleno a propuesta de su Presidente.

19. Para la adopción de los acuerdos de las Secciones, se requerirá:

a) La presencia siempre de sus tres miembros.

b) La presencia de dos miembros, salvo que haya discrepancia, requiriéndose entonces la de sus tres miembros.

c) La presencia de tres miembros, salvo que haya discrepancia, requiriéndose entonces la de sus cinco miembros.

d) La presencia siempre de sus cinco miembros.

20. Señala la respuesta incorrecta respecto a las sentencias del Tribunal Constitucional:

a) Las sentencias y resoluciones del Tribunal Constitucional tendrán la consideración de títulos declarativos.

b) Todos los poderes públicos están obligados al cumplimiento de lo que el Tribunal Constitucional resuelva.

c) Las sentencias del Tribunal Constitucional se publicarán en el Boletín Oficial del Estado con los votos particulares, si los hubiere.

d) Salvo que en el fallo se disponga otra cosa, subsistirá la vigencia de la ley en la parte no afectada por la inconstitucionalidad.

21. ¿Quién nombra a los miembros del Tribunal Constitucional?

a) El Rey.
b) El Presidente del Gobierno.
c) Las Cortes Generales.
d) El Presidente del Tribunal Constitucional.

22. ¿Cuántos de los miembros del Tribunal Constitucional son propuestos por el Consejo General del Poder Judicial?

a) Cuatro.
b) Tres.
c) Dos.
d) Ninguno.

23. Los miembros del Tribunal Constitucional deberán ser nombrados entre Magistrados y Fiscales, Profesores de Universidad, Funcionarios Públicos y Abogados, todos ellos Juristas de reconocida competencia:

a) Con más de veinte años de ejercicio profesional.
b) Con más de quince años de ejercicio profesional.
c) Con más de doce años de ejercicio profesional.
d) Con más de diez años de ejercicio profesional.

24. Dispone la Carta Magna que todos contribuirán al sostenimiento de los gastos públicos de acuerdo con su capacidad económica mediante un sistema tributario justo inspirado en los principios de:

a) Legalidad y equidad.
b) Igualdad y progresividad.
c) Publicidad y legalidad.
d) Eficacia y sostenibilidad.

25. Las primeras elecciones democráticas celebradas en España tras la muerte de Franco tuvieron lugar en:

a) 1975.
b) 1976.
c) 1977.
d) 1978.

26. El referéndum en el que se aprobó popularmente la Constitución se llevó a efecto el:

a) 27 de diciembre de 1978.
b) 6 de diciembre de 1978.
c) 31 de octubre de 1978.
d) 29 de diciembre de 1979.

27. La ponencia encargada de redactar el borrador de la Constitución se constituyó en el:

a) Senado.
b) Senado y Congreso de los Diputados.
c) Congreso de los Diputados.
d) Gobierno de la Nación.

28. Si un poder público, en su actuación, infringe lo dispuesto en el Preámbulo de la Constitución:

a) Incurre en nulidad.
b) Incurre en inconstitucionalidad.
c) No pasa nada salvo que, como consecuencia de esa actuación, se infrinja un artículo de la propia Constitución.
d) Nada de lo anterior es cierto.

29. El principio en virtud del cual el ciudadano está amparado por una legislación no sujeta a continuos vaivenes es el de:

a) Legalidad.
b) Publicidad normativa.
c) Seguridad jurídica.
d) Jerarquía normativa.

30. El principio en virtud del cual un Reglamento no puede contradecir una ley es el de:

a) Legalidad.
b) Jerarquía normativa.
c) Las respuestas a) y b) son correctas.
d) Seguridad jurídica.

31. Según la Constitución, una norma que imponga una nueva pena más leve para un delito:

a) No se aplica retroactivamente.
b) Puede aplicarse retroactivamente.

c) Ha de ser reglamentaria.

d) Atenta contra el principio de legalidad penal si se aplica retroactivamente.

32. Todos los españoles, respecto al castellano, tienen el:

a) Derecho-deber de conocerlo.

b) Derecho de usar y deber de conocerlo.

c) Derecho-deber de usarlo.

d) Nada de lo anterior.

33. La capital del Estado en España es:

a) La propia de cada Comunidad Autónoma.

b) La villa de Madrid.

c) Aquella donde se establezca en cada momento el Gobierno de la Nación.

d) Aquella en la que resida generalmente el Rey.

34. El Título de la Constitución que trata de la reforma constitucional es el:

a) Primero.

b) Décimo.

c) Noveno.

d) Undécimo.

35. El Defensor del Pueblo se regula en el siguiente Título y Capítulo de la Constitución, respectivamente:

a) Preliminar y 1.º

b) Segundo y 4.º

c) Segundo y 3.º

d) Primero y 4.º

36. El Título de la Carta Magna que trata del Gobierno y la Administración es el:

a) Tercero.

b) Cuarto.

c) Quinto.

d) Sexto.

37. Los principios rectores de la política social y económica se regulan en el siguiente Capítulo y Título de la Constitución:

a) Segundo del Primero.

b) Tercero del Primero.

c) Tercero del Preliminar.

d) Primero del Séptimo.

38. La derogación de una norma posconstitucional que vaya en contra de la Constitución se efectúa por el/la/las:

a) Propia Constitución.
b) Tribunal Constitucional.
c) Cortes Generales.
d) Gobierno de la Nación.

39. El pluralismo político, para nuestra Constitución, es un/una:

a) Principio General del ordenamiento político.
b) Valor superior del ordenamiento jurídico.
c) Principio rector de la política social y económica.
d) Derecho fundamental.

40. La forma política del Estado español es:

a) Unitaria y regionalizada.
b) Federal.
c) La Monarquía Parlamentaria.
d) La propia de un Estado Social y Democrático.

41. La justicia, según nuestra Constitución, es un/una:

a) Principio de nuestro ordenamiento jurídico.
b) Valor superior del anterior.
c) Manifestación del Estado democrático.
d) Todo lo anterior.

42. Un español de origen puede perder esta nacionalidad:

a) Por sanción administrativa.
b) Cuando libremente renuncie a la misma.
c) Por condena penal.
d) En ningún caso.

43. Constituye el fundamento del orden público y de la paz social, según la Constitución, el/la/los:

a) Derechos inviolables inherentes a la persona.
b) Estado social y democrático de Derecho.
c) Seguridad jurídica.
d) Justicia.

44. Las Comunidades Autónomas deben usar o instalar la bandera española:

a) En sus edificios.
b) En los actos oficiales.
c) Cuando lo solicite el Delegado del Gobierno de la Nación en las mismas.
d) Cuando lo estimen oportuno.

45. Deben tener una estructura interna y un funcionamiento democrático los/las:

a) Partidos Políticos.
b) Colegios Profesionales.
c) Organizaciones Profesionales.
d) Todos ellos.

46. La defensa de la integridad territorial de España se atribuye por la Constitución a/al/a las:

a) Fuerzas y Cuerpos de Seguridad.
b) Fuerzas Armadas.
c) Gobierno de la Nación.
d) Todas las anteriores.

47. El Título de la Constitución que trata de las relaciones entre el Gobierno y las Cortes Generales es el:

a) Cuarto.
b) Quinto.
c) Sexto.
d) Tercero.

48. La Constitución entró en vigor:

a) Al día siguiente de su publicación en el Boletín Oficial del Estado.
b) El 27 de diciembre de 1978.
c) El 29 de diciembre de 1978.
d) Al ser aprobada en la sesión conjunta por el Congreso de los Diputados y el Senado.

49. Según la Constitución, el Estado es:

a) Apolítico.
b) Aconfesional.
c) De bienestar social.
d) Federal.

50. El derecho a la vida se consagra en el siguiente artículo de la Constitución:

a) 10.
b) 16.
c) 15.
d) 24.

51. La pena de muerte en España:

a) Ha quedado abolida.
b) Puede aplicarse en cualquier momento.
c) Solo se aplicará, en tiempo de guerra, a los militares.
d) Rige solo en el ámbito civil.

52. La inmediata puesta a disposición judicial derivada del habeas corpus, se produce por:

a) Detención ilegal.
b) Prisión ilegal.
c) Prisión preventiva.
d) Detención preventiva.

53. El proceso en el que se enjuicie a un presunto delincuente debe:

a) Ser sumario.
b) No dilatarse.
c) Entorpecer los instrumentos probatorios.
d) Nada de lo anterior es cierto.

54. La entrada en un domicilio en caso de flagrante delito, sin autorización de su titular:

a) Puede dar lugar a la aplicación del habeas corpus.
b) Requiere autorización previa de la autoridad judicial.
c) Puede efectuarse en todo momento.
d) No puede realizarse en momento alguno.

55. Cuando, al conocerse la comisión de un delito por una persona, se acude a su domicilio para detenerla:

a) Está obligada a franquear la entrada.
b) Se necesitará autorización judicial para entrar, si no da su consentimiento para ello.
c) Pese a que no dé su consentimiento, se puede entrar.
d) Nada de lo anterior es correcto.

56. La autorización previa para celebrar una manifestación pública:

a) La da el Subdelegado del Gobierno en la Provincia.
b) Es ineludible.
c) Sería inconstitucional.
d) Se da cuando no se prevean alteraciones al orden público, con peligro para personas o bienes.

57. El tipo de sufragio que consagra la Constitución es el:

a) Proporcional.
b) Universal.
c) Censitario.
d) Las respuestas a) y b) son correctas.

58. Además de la no autoinculpación, la Constitución prevé que no se está obligado a declarar sobre un hecho presuntamente delictivo en caso de:

a) Parentesco y afinidad.
b) Cláusula de conciencia.
c) Secreto profesional.
d) Las respuestas a) y b) son correctas.

59. Los Tribunales de Honor están prohibidos respecto de los/la/las:

a) Sindicatos y Organizaciones Profesionales.
b) Administración Civil y Militar.
c) Organizaciones Profesionales y la Administración Civil.
d) Todas las respuestas anteriores son correctas.

60. El secreto profesional, constitucionalmente, sirve para:

a) Ejercer con libertad una profesión titulada.
b) La libertad de creación científica y técnica.
c) No declarar sobre hechos presuntamente delictivos.
d) Todo lo anterior.

61. La fundación de una Internacional Sindical por un sindicato español:

a) Es libre.
b) Está prohibida.
c) Debe plasmarse en un Tratado Internacional.
d) Nada de lo anterior es cierto.

62. El ejercicio del derecho de petición a través de una manifestación ciudadana:

a) No se admite.
b) Se admite en algún caso.
c) Se admite, salvo para los militares.
d) Ni se admite ni se prohíbe.

63. Nuestro sistema tributario ha de ser:

a) Regresivo e igualitario.
b) Progresivo y generalizado.
c) Confiscatorio.
d) Justo y regresivo.

64. ¿Cuántas salas tiene el Tribunal Constitucional y de cuántos Magistrados se componen cada una de ellas?

a) Las Salas son tres, compuestas cada una por cuatro Magistrados.
b) Las Salas son dos, compuestas cada una por seis Magistrados.
c) Las Salas son tres, compuestas cada una por seis Magistrados.
d) Las Salas son dos, compuestas cada una por cuatro Magistrados.

65. Las Fundaciones son:

a) Entidades constituidas para fines de interés general.
b) Administración Corporativa.
c) Entidades privadas con fines de carácter también privado.
d) Asociaciones de personas para conseguir fines de interés general.

66. La asistencia de todo orden a los hijos habidos extraconyugalmente:

a) No está prevista en la Constitución.
b) Es un deber de los padres.
c) Se dispensará por Instituciones de Beneficencia.
d) Se dispensa solo a los que de ellos tengan discapacidad.

67. La especulación urbanística, según la Constitución:

a) Debe evitarse.
b) Está permitida.
c) Genera plusvalías para la colectividad.
d) Pueden hacerla los poderes públicos.

68. No es susceptible de recurso de amparo el derecho a la/de:

a) Sindicación.
b) Investigación científica.
c) Secreto de las comunicaciones.
d) Lo son todos ellos.

69. No es susceptible de recurso de amparo el derecho de:

a) Libertad de cátedra.
b) Negociación colectiva.
c) Manifestación.
d) Huelga.

70. Es susceptible de recurso de amparo el derecho de/a la:

a) Libre sindicación.
b) Petición.
c) Cláusula de conciencia.
d) Lo están todos ellos.

71. Una vez declarado el estado de excepción no se puede suspender el derecho/ libertad de:

a) Huelga.
b) Enseñanza.
c) Adopción de medidas de conflicto colectivo.
d) Libertad de circulación.

72. Durante el estado de excepción, un detenido conserva el derecho de/a:

a) Setenta y dos horas para ser puesto a disposición judicial.
b) Secreto de comunicaciones.
c) Asistencia de Letrado.
d) Ninguno de ellos.

73. Se puede suspender, con motivo de investigaciones relativas a bandas armadas, el derecho de:

a) Huelga.
b) Inviolabilidad del domicilio.
c) Libertad de circulación.
d) Las respuestas b) y c) son correctas.

74. ¿En qué fecha aprobaron las Cortes Generales la Constitución Española?

a) El 31 de octubre de 1978.
b) El 6 de diciembre de 1978.
c) El 27 de diciembre de 1978.
d) El 29 de diciembre de 1978.

75. ¿Cuál de las siguientes no es una característica de la Carta Magna?

a) Su rigidez.
b) El establecimiento, como forma política del Estado, de la monarquía hereditaria.
c) Su codificación en un solo texto.
d) Su extensión.

76. ¿De cuántos artículos consta la Constitución Española de 1978?

a) De 154.
b) De 163.
c) De 169.
d) De 171.

77. ¿Cuál de los siguientes no es uno de los valores superiores de nuestro ordenamiento jurídico?

a) El pluralismo político.
b) La solidaridad.
c) La libertad.
d) La igualdad.

78. A tenor del artículo 11 de la Constitución, los españoles de origen podrán ser privados de su nacionalidad:

a) Cuando así lo determinen las leyes.
b) Cuando entren al servicio de las armas de un país extranjero.
c) Cuando así lo apruebe el Consejo de Ministros.
d) En ningún caso un español de origen podrá ser privado de su nacionalidad.

79. Las Cortes Generales, ¿en qué Título de nuestra Constitución se recogen?

a) En el Título II.
b) En el Título III.
c) En el Título IV.
d) En el Título VI.

80. Según la Disposición Final de nuestra Constitución, esta entrará en vigor:

a) Al día siguiente de su publicación en el Boletín Oficial del Estado.
b) A los veinte días de la publicación de su texto oficial en el Boletín Oficial del Estado.
c) El mismo día de la publicación de su texto oficial en el Boletín Oficial del Estado.
d) Al año de la publicación de su texto oficial en el Boletín Oficial del Estado.

81. Nuestra Constitución trata de los derechos y deberes fundamentales de los españoles en su Título I, denominado:

a) De los derechos y deberes fundamentales.
b) De los deberes de los españoles.
c) De los derechos de los españoles.
d) De los derechos y deberes principales de los españoles.

82. ¿En qué artículos de nuestra CE se recogen los derechos fundamentales y de las libertades públicas?

a) En los artículos 10 a 43.
b) En los artículos 25 a 38.
c) En los artículos 31 a 45.
d) En los artículos 15 a 29.

83. ¿Qué órgano es el intérprete supremo de la Constitución, es independiente de los demás órganos constitucionales y está sometido solo a la Constitución y a su Ley Orgánica?

a) El Tribunal Supremo.
b) El Consejo de Estado.
c) El Tribunal Constitucional.
d) El Consejo General del Poder Judicial.

84. ¿Por cuántos años es nombrado el Presidente de Tribunal Constitucional?

a) Por tres.
b) Por cuatro.
c) Por cinco.
d) Por seis.

85. Según la Constitución Española, arbitra y modera el funcionamiento regular de las instituciones:

a) El Presidente del Gobierno.
b) El Rey.
c) El Estado.
d) Los tribunales de Justicia.

86. Las abdicaciones y renuncias se resolverán:

a) Por ley.
b) Por decreto ley.
c) Por decisión de las Cortes Generales.
d) Por ley orgánica.

87. Si no hubiese a quien corresponda la Regencia, esta será nombrada por:

a) Las Cortes Generales.
b) El Congreso de los Diputados.
c) El Senado.
d) El Gobierno.

88. No necesita de refrendo:

a) Declarar la guerra y hacer la paz.
b) Expedir los decretos acordados en Consejo de Ministros.
c) Nombrar y relevar a los miembros civiles y militares de la Casa Real.
d) Todos los actos del Rey necesitan refrendo.

89. ¿A quién corresponde manifestar el consentimiento del Estado para obligarse por medio de tratados?

a) Al Rey.
b) Al Gobierno.
c) Al Estado.
d) Al Presidente del Gobierno.

90. Si el príncipe heredero contrae matrimonio contra la expresa prohibición de las Cortes Generales:

a) No podrá casarse.
b) Podrá casarse, pero no podrá vivir en el palacio real.
c) Deberá antes de pedir autorización a las Cortes para poder contraerlo.
d) Será excluido en la sucesión de la corona.

91. Según el art. 59.5 de la Carta Magna, la Regencia se ejercerá:

a) Por mandato constitucional y en nombre del pueblo español.
b) Por mandato constitucional y en nombre de las Cortes Generales.
c) Por mandato constitucional y en nombre de la soberanía popular.
d) Por mandato constitucional y en nombre del Rey.

92. Las Cámaras se reúnen en sesiones:

a) Ordinarias y extraordinarias.
b) Simples o conjuntas.
c) Ordinarias, extraordinarias y conjuntas.
d) Ordinarias, extraordinarias y de urgencia.

93. Para adoptar acuerdos, las Cámaras deben estar reunidas reglamentaria-mente y con asistencia de la mayoría de sus miembros. Dichos acuerdos, para ser válidos, deberán ser aprobados:

a) Por la mayoría de los miembros presentes.
b) Por mayoría absoluta de sus miembros.
c) Por los 3/5 de cada una de las Cámaras.
d) Por los 2/3 del conjunto de las Cámaras.

94. ¿En qué plazo deberá ser convocado el Congreso electo tras la celebración de elecciones?

a) Entre los 30 y 60 días siguientes.
b) Dentro de los 25 días siguientes.
c) Entre los 10 y 30 días siguientes.
d) Dentro de los 30 días siguientes.

95. En las causas contra Diputados y Senadores será competente:

a) La Sala de lo Civil del Tribunal Supremo.
b) La Sala de lo Social del Tribunal Supremo.
c) La Sala de lo Contencioso-Administrativo del Tribunal Supremo.
d) La Sala de lo Penal del Tribunal Supremo.

96. Las Diputaciones Permanentes estarán presididas por:

a) El diputado de mayor edad.
b) El diputado del grupo parlamentario más numeroso.
c) El Presidente del Gobierno.
d) El Presidente de la Cámara respectiva.

97. ¿Cuántos Senadores corresponderán a Menorca?

a) 1.
b) 2.
c) 3.
d) 4.

98. Las sesiones conjuntas del Senado y del Congreso serán presididas:

a) Por el Rey.
b) Por el Presidente del Gobierno.
c) Por el Presidente del Congreso.
d) Por el Presidente del Senado.

99. Los Senadores por provincias se elegirán por:

a) Sufragio universal, libre, igual, directo y secreto.
b) Sufragio directo, libre, igual, directo y secreto.
c) Sufragio internacional, directo, igual y secreto.
d) Sufragio universal, libre, secreto, igual y secreto.

100. ¿Cuál de las siguientes no es una de las cuatro Salas que integran la Audiencia Nacional?

a) De lo Contencioso-Administrativo.
b) De lo Penal.
c) De lo Civil.
d) De Apelación.

101. ¿Cuál es la Sala Tercera del Tribunal Supremo?

a) De lo Contencioso-Administrativo.
b) De lo Social.
c) De lo Penal.
d) De lo Militar.

102. ¿Cuántos Vocales integran el Consejo General del Poder Judicial?

a) Diez.
b) Doce.
c) Quince.
d) Veinte.

103. ¿Cuál de los siguientes no es uno de los órganos del Consejo General del Poder Judicial?

a) La Comisión de Catalogación.
b) La Comisión Permanente.
c) La Comisión Disciplinaria.
d) La Comisión de Igualdad.

104. ¿A quién corresponde ejercer la alta inspección de Tribunales, así como la supervisión y coordinación de la actividad inspectora ordinaria de los Presidentes y Salas de Gobierno de los Tribunales:

a) Al Tribunal Supremo.
b) Al Ministro de Justicia.
c) Al Consejo General del Poder Judicial.
d) Al Tribunal Constitucional.

105. La asunción de funciones constitucionales por la Reina consorte:

a) Está prevista como regla general.
b) Depende de la voluntad del Rey.
c) Está prohibida.
d) Está limitada.

106. La tutoría del Rey puede recaer en:

a) Cualquier persona nombrada por las Cortes Generales, en su caso.
b) Sus hijos.
c) Una, tres o cinco personas.
d) Nada de lo anterior es cierto.

107. Una hija del Príncipe de Asturias ostentará este tratamiento:

a) Cuando su padre acceda a la condición de Rey, si es la primogénita, aunque tenga hermanos varones.
b) Al morir su padre.
c) Al acceder a Rey su padre, si no tiene hermano varón.
d) Cuando delegue en ella el propio Príncipe.

108. La Regencia se ejerce:

a) Por mandato del Rey.
b) En nombre de este.
c) Por mandato constitucional.
d) Las respuestas b) y c) son correctas.

109. La dirección de la defensa del Estado es competencia genuina del/de las:

a) Rey.
b) Fuerzas Armadas.
c) Gobierno de la Nación.
d) Todos ellos.

110. El refrendo de los actos del Rey está íntimamente relacionado con:

a) Su irresponsabilidad política.
b) Su inhabilitación.
c) La Regencia.
d) Sus poderes discrecionales.

111. En caso de que el Rey sea menor de edad:

a) No tomará posesión de su cargo hasta su mayoría de edad.
b) Ejercerá la Regencia el Príncipe heredero.
c) Ejercerá la Regencia su cónyuge.
d) Nada de lo anterior es cierto.

112. Si el Príncipe heredero tuviera descendientes y renunciara a sus derechos al trono:

a) Su cónyuge ejercería la Regencia hasta que su primogénito varón fuere mayor de edad.
b) Su cónyuge ejercería la Regencia hasta que dicho primogénito fuera proclamado Rey.
c) Se nombraría Princesa heredera a su hermana mayor, si la hubiere.
d) Nada de lo anterior es cierto.

113. La presidencia por el Rey de las reuniones del Consejo de Ministros:

a) Se permite solo respecto de las decisorias.
b) Ha de efectuarse a petición del Presidente del Gobierno de la Nación.
c) Está prevista constitucionalmente para dirigir la Administración Civil y Militar.
d) Las respuestas a) y b) son ciertas.

114. El juramento lo prestará el Rey ante el/las:

a) Cortes Generales.
b) Gobierno de la Nación.
c) Miembros de la Familia Real.
d) Pueblo español.

115. Si se agotan todas las líneas llamadas a la sucesión en la Corona de España, se:

a) Nombran Regentes.
b) Proveerá a la sucesión en la Corona por las Cortes Generales.
c) Proclama la República.
d) Establece una Dictadura.

116. La inhabilitación del Rey se reconoce por el/los/las:

a) Gobierno de la Nación.
b) Congreso de los Diputados.
c) Cortes Generales.
d) Tres Poderes constitucionales.

117. El Regente nombrado en defecto de padre, madre, pariente mayor de edad o Príncipe heredero mayor de edad se designa por el/las:

a) Propio Rey.
b) Cortes Generales.
c) Congreso de los Diputados.
d) Consejo de Regencia.

118. El número mínimo de Diputados previstos para el Congreso de los Diputados es de:

a) 250.
b) 300.
c) 400.
d) 350.

119. No es incompatible para ser elegido Diputado del Congreso de los Diputados un:

a) Militar en activo.
b) Miembro de una Junta Electoral.
c) Juez.
d) Ministro.

120. La Palma elige los siguientes Senadores:

a) Ninguno.
b) Dos.
c) Uno.
d) Cuatro.

121. La declaración del estado de sitio debe hacerla el/las:

a) Gobierno de la Nación.
b) Rey.
c) Congreso de los Diputados.
d) Presidente del Gobierno de la Nación.

122. El Presidente de la Diputación Permanente del Congreso de los Diputados es el:

a) Del partido mayoritario.
b) Portavoz del partido con mayor número de escaños.
c) Presidente de la Cámara.
d) Elegido por los Portavoces de los Grupos Parlamentarios.

123. El mínimo de miembros integrantes de una Comisión de Investigación según el artículo 76 de la Constitución es de:

a) Veintiuno.
b) Mayoría simple.
c) Mayoría absoluta.
d) No se establece.

124. No puede solicitar la celebración de una sesión extraordinaria de las Cortes Generales el/la:

a) Mayoría absoluta de sus miembros.
b) Diputación Permanente de ellas.
c) Mesa de cada Cámara.
d) Gobierno de la Nación.

125. El primer período de sesiones de las Cámaras concluye, según la Constitución:

a) Al finalizar su mandato.
b) En enero.
c) En diciembre.
d) En junio.

126. No puede delegarse en una Comisión Legislativa Permanente la posibilidad de aprobar una Ley:

a) Tributaria.
b) De funcionarios públicos.
c) Orgánica.
d) Las respuestas a) y c) son correctas.

127. La justicia se administra en nombre del:

a) Juez o Tribunal que la imparta.
b) Pueblo español.
c) Rey.
d) Justiciable.

128. El titular de la Justicia es el/los:

a) Poder Judicial.
b) Rey.
c) Pueblo soberano.
d) Jueces y Tribunales.

129. El artículo 117 de la Constitución no incluye como característica de los Jueces y Magistrados la:

a) Independencia.
b) Responsabilidad.
c) Inamovilidad.
d) Incluye a todas ellas.

130. La ejecución de lo juzgado es competencia genuina de la/los:

a) Juzgados y Tribunales.
b) Consejo General del Poder Judicial.
c) Policía Judicial.
d) Administración Pública.

131. Los supuestos de suspensión o movilidad de los Jueces deben estar establecidos en un/una/la:

a) Ley.
b) Reglamento.
c) Instrucción del Consejo General del Poder Judicial.
d) Constitución.

132. Según la Constitución, el procedimiento en el ámbito de la administración de justicia debe ser:

a) Gratuito siempre.
b) Predominantemente oral.
c) En audiencia pública.
d) Motivado.

133. La colaboración con los Jueces y Tribunales por los particulares es obligatoria:

a) En el proceso.
b) Antes del procesamiento.
c) Solo cuando no exista Policía Judicial.
d) En todo caso.

134. Los Jueces y Tribunales deben elevar al Tribunal Constitucional:

a) La cuestión de inconstitucionalidad.
b) El recurso de inconstitucionalidad.
c) La inconstitucionalidad de las normas reglamentarias.
d) Todo lo anterior.

135. La cúspide de la jurisdicción en España la ostenta el:

a) Consejo General del Poder Judicial.
b) Ministerio Fiscal.
c) Tribunal Constitucional.
d) Tribunal Supremo.

Solución al test n.º 1

1. b) En la indisoluble unidad de la Nación española.

2. c) Tienen el deber de conocer y el derecho de usar el castellano.

3. d) De las nacionalidades y regiones que la integran.

4. d) Las respuestas b) y c) son correctas.

5. a) Aprobada por las Cortes el 31 de octubre de 1978, ratificada por el pueblo en referéndum el 6 de diciembre de 1978 y publicada el 29 de diciembre de 1978.

6. b) En el Preámbulo.

7. a) El Rey.

8. d) Ningún español de origen podrá ser privado de su nacionalidad.

9. d) La dignidad de la persona, los derechos inviolables que le son inherentes, el libre desarrollo de su personalidad, el respeto a la ley y a los derechos de los demás.

10. b) El pluralismo político.

11. c) Monarquía parlamentaria.

12. b) Parte orgánica.

13. c) Reside en el pueblo español.

14. c) Limitado por la función social de la misma.

15. b) En el Título Preliminar.

16. a) Consensuada.

17. d) Todas las respuestas son correctas.

18. c) El Pleno lo preside el Presidente del Tribunal y, en su defecto, el Vicepresidente y, a falta de ambos, el Magistrado de mayor edad.

19. b) La presencia de dos miembros, salvo que haya discrepancia, requiriéndose entonces la de sus tres miembros.

20. a) Las sentencias y resoluciones del Tribunal Constitucional tendrán la consideración de títulos declarativos.

21. a) El Rey.

22. c) Dos.

23. b) Con más de quince años de ejercicio profesional.

24. b) Igualdad y progresividad.

25. c) 1977.

26. b) 6 de diciembre de 1978.

27. c) Congreso de los Diputados.

28. c) No pasa nada, salvo que, como consecuencia de esa actuación, se infrinja un artículo de la propia Constitución.

29. c) Seguridad jurídica.

30. c) Las respuestas a) y b) son correctas.

31. b) Puede aplicarse retroactivamente.

32. b) Derecho de usar y deber de conocerlo.

33. b) La villa de Madrid.

34. b) Décimo.

35. d) Primero y 4.º.

36. b) Cuarto.

37. b) Tercero del Primero.

38. a) Propia Constitución.

39. b) Valor superior del ordenamiento jurídico.

40. c) La Monarquía Parlamentaria.

41. b) Valor superior del anterior.

42. b) Cuando libremente renuncie a la misma.

43. a) Derechos inviolables inherentes a la persona.

44. b) En los actos oficiales.

45. d) Todos ellos.

46. b) Fuerzas Armadas.

47. b) Quinto.

48. c) El 29 de diciembre de 1978.

49. b) Aconfesional.

50. c) 15.

51. a) Ha quedado abolida.

52. a) Detención ilegal.

53. b) No dilatarse.

54. c) Puede efectuarse en todo momento.

55. b) Se necesitará autorización judicial para entrar, si no da su consentimiento para ello.

56. c) Sería inconstitucional.

57. b) Universal.

58. c) Secreto profesional.

59. c) Organizaciones Profesionales y la Administración Civil.

60. c) No declarar sobre hechos presuntamente delictivos.

61. a) Es libre.

62. a) No se admite.

63. b) Progresivo y generalizado.

64. b) Las Salas son dos, compuestas cada una por seis Magistrados.

65. a) Entidades constituidas para fines de interés general.

66. b) Es un deber de los padres.

67. a) Debe evitarse.

68. b) Investigación científica.

69. b) Negociación colectiva.

70. d) Lo están todos ellos.

71. b) Enseñanza.

72. c) Asistencia de Letrado.

73. b) Inviolabilidad del domicilio.

74. a) El 31 de octubre de 1978.

75. b) El establecimiento, como forma política del Estado, de la monarquía hereditaria.

76. c) De 169.

77. b) La solidaridad.

78. d) En ningún caso un español de origen podrá ser privado de su nacionalidad.

79. b) En el Título III.

80. c) El mismo día de la publicación de su texto oficial en el Boletín Oficial del Estado.

81. a) De los derechos y deberes fundamentales

82. d) En los artículos 15 a 29.

83. c) El Tribunal Constitucional.

84. a) Por tres.

85. b) El Rey.

86. d) Por ley orgánica.

87. a) Las Cortes Generales.

88. c) Nombrar y relevar a los miembros civiles y militares de la Casa Real.

89. a) Al Rey.

90. d) Será excluido en la sucesión de la corona.

91. d) Por mandato constitucional y en nombre del Rey.

92. c) Ordinarias, Extraordinarias y Conjuntas.

93. a) Por la mayoría de los miembros presentes.

94. b) Dentro de los 25 días siguientes.

95. d) La Sala de lo Penal del Tribunal Supremo.

96. d) El Presidente de la Cámara respectiva.

97. a) 1.

98. c) Por el Presidente del Congreso.

99. a) Sufragio universal, libre, igual, directo y secreto.

100. c) De lo Civil.

101. a) De lo Contencioso-Administrativo.

102. d) Veinte.

103. a) La Comisión de Catalogación.

104. c) Al Consejo General del Poder Judicial.

105. d) Está limitada.

106. a) Cualquier persona nombrada por las Cortes, en su caso.

107. c) Al acceder a Rey su padre, si no tiene hermano varón.

108. d) Las respuestas b) y c) son correctas.

109. c) Gobierno de la Nación.

110. a) Su irresponsabilidad política.

111. d) Nada de lo anterior es cierto.

112. c) Se nombraría Princesa heredera a su hermana mayor, si la hubiere.

113. b) Ha de efectuarse a petición del Presidente del Gobierno de la Nación.

114. a) Cortes Generales.

115. b) Proveerá a la sucesión en la Corona por las Cortes Generales.

116. c) Cortes Generales.

117. b) Cortes Generales.

118. b) 300.

119. d) Ministro.

120. c) Uno.

121. c) Congreso de los Diputados.

122. c) Presidente de la Cámara.

123. d) No se establece.

124. c) Mesa de cada Cámara.

125. c) En diciembre.

126. c) Orgánica.

127. c) Rey.

128. c) Pueblo soberano.

129. d) Incluye a todas ellas.

130. a) Juzgados y Tribunales.

131. a) Ley.

132. b) Predominantemente oral.

133. a) En el proceso.

134. a) La cuestión de inconstitucionalidad.

135. d) Tribunal Supremo.

TEST N.º 2

La Unión Europea: El Parlamento Europeo. El Consejo Europeo. El Consejo de la Unión Europea: competencias, estructura y funcionamiento. La Comisión Europea: composición, organización y funcionamiento. El Tribunal de Justicia. Las Fuentes del ordenamiento jurídico comunitario: el Derecho Originario y el Derecho Derivado

1. El Tribunal de Justicia de la Unión Europea comprenderá:

a) El Tribunal de Justicia, el Tribunal General y los tribunales especializados.
b) El Tribunal de Justicia y el Tribunal General.
c) El Tribunal de Justicia, el Tribunal General, los tribunales especializados y el Tribunal de Primera Instancia.
d) El Tribunal de Justicia y los tribunales especializados.

2. El Consejo está compuesto por:

a) Un representante de cada Estado miembro, de rango ministerial, facultado para comprometer al Gobierno del Estado miembro al que represente y para ejercer el derecho de voto.
b) Los Jefes de Estado o de Gobierno de los Estados miembros, así como por su Presidente y por el Presidente de la Comisión.
c) Los Jefes de Estado o de Gobierno de los países miembros.
d) Todas son falsas.

3. Excepto cuando los Tratados dispongan otra cosa, el Consejo se pronunciará por:

a) Mayoría simple.
b) Unanimidad.
c) Mayoría cualificada.
d) Mayoría simple y cualificada.

4. ¿Cuál es el órgano ejecutivo de la Unión Europea?

a) El Consejo.
b) El Consejo Europeo.
c) La Comisión.
d) El Presidente de la Comisión.

5. Los miembros de la Comisión son nombrados por:

a) El Parlamento.
b) El Parlamento y el Consejo Europeo de forma conjunta.
c) El Consejo Europeo, por mayoría cualificada.
d) El Consejo, por mayoría cualificada.

6. Señala la respuesta verdadera:

a) El Parlamento Europeo y el Consejo estarán asistidos por un Comité Económico y Social y por un Comité de las Regiones que ejercerán funciones consultivas.
b) El Parlamento Europeo, el Consejo y la Comisión estarán asistidos por un Comité Económico y Social y por un Comité de las Regiones que ejercerán funciones consultivas.
c) El Parlamento Europeo, el Consejo, la Comisión y el Tribunal de Justicia estarán asistidos por un Comité Económico y Social y por un Comité de las Regiones que ejercerán funciones consultivas.
d) Todas las respuestas son falsas.

7. El Parlamento Europeo:

a) Estará compuesto por representantes de los ciudadanos de la Unión.
b) La representación de los ciudadanos será decrecientemente proporcional, con un mínimo de seis diputados por Estado miembro.
c) No se asignará a ningún Estado miembro más de noventa y seis escaños.
d) Todas las respuestas son verdaderas.

8. Los Diputados al Parlamento Europeo serán elegidos para un mandato de:

a) Cuatro años.
b) Seis años.
c) Cinco años.
d) Todas son falsas.

9. El presupuesto anual de la UE es decidido (aprobado):

a) Conjuntamente por el Consejo y el Parlamento, por un procedimiento especial.
b) Por el Parlamento.

c) Por la Comisión.
d) Por la Comisión y el Parlamento, por un procedimiento ordinario.

10. El Coreper es:

a) La representación de cada miembro ante la UE.
b) Un órgano de la Comisión.
c) Un órgano del Parlamento.
d) La reunión de los miembros de la Comisión.

11. La Mesa del Parlamento tiene los siguientes Vicepresidentes:

a) 14.
b) 15.
c) 16.
d) 5.

12. La Comisión se designa para un periodo de:

a) 5 años.
b) 6 años.
c) 4 años.
d) El que determine el Parlamento.

13. La sede de la Comisión está en:

a) Estrasburgo.
b) Bruselas.
c) Luxemburgo.
d) París.

14. El mandato de los miembros de la Comisión será:

a) Renovable por una sola vez.
b) Renovable.
c) No será renovable.
d) Renovable cuando así lo determine el Parlamento.

15. Los acuerdos de la Comisión se adoptarán:

a) Por unanimidad.
b) Por mayoría cualificada.
c) Por 2/3 partes.
d) Por mayoría del número de miembros.

16. El Tribunal de Justicia de la Unión Europea tendrá su sede en:

a) Luxemburgo.
b) Bruselas.
c) Frankfurt.
d) La Haya.

17. El Presidente de la Comisión:

a) Definirá las orientaciones con arreglo a las cuales la Comisión desempeñará sus funciones.
b) Determinará la organización interna de la Comisión velando por la coherencia, eficacia y colegialidad de su actuación.
c) Nombrará Vicepresidentes, distintos del Alto Representante de la Unión para Asuntos Exteriores y Política de Seguridad, de entre los miembros de la Comisión.
d) Todas las respuestas son verdaderas.

18. Respecto a las elecciones al Parlamento Europeo, en España se ha optado porque:

a) La circunscripción electoral sea única para todo el territorio nacional.
b) La circunscripción electoral sea por Comunidades Autónomas.
c) La circunscripción electoral sea por provincias.
d) Todas las respuestas son falsas.

19. La Institución en la que están representados los intereses nacionales y por ello encarna el principio de la representación de los Estados en la Unión Europea, es:

a) El Consejo.
b) La Comisión.
c) El Parlamento.
d) Todas las respuestas son verdaderas.

20. En relación con la Comisión:

a) Solamente los nacionales de los Estados miembros podrán ser miembros de la Comisión.
b) Los miembros de la Comisión ejercerán sus funciones con absoluta independencia y en interés general de su país.
c) Los miembros de la Comisión podrán, mientras dure su mandato, ejercer actividades profesionales, retribuidas o no, solamente fuera de la Comunidad.
d) Todas las respuestas son verdaderas.

21. Respecto del Parlamento Europeo:

a) El periodo parcial de sesiones será la reunión que celebre el Parlamento, por regla general, cada mes. Este periodo se dividirá en sesiones.
b) La legislatura coincidirá con la duración del mandato de los diputados.
c) La duración del periodo de sesiones será de un año.
d) Todas las respuestas son verdaderas.

22. Señala la respuesta verdadera:

a) Todo miembro de la Comisión que deje de reunir las condiciones necesarias para el ejercicio de sus funciones o haya cometido una falta grave podrá ser cesado por el Tribunal de Justicia, a instancia del Consejo, por mayoría simple, o de la Comisión.
b) Todo miembro de la Comisión que deje de reunir las condiciones necesarias para el ejercicio de sus funciones o haya cometido una falta grave podrá ser cesado por el Tribunal, a instancia del Consejo, por mayoría simple, o de la Comisión.
c) Todo miembro de la Comisión que deje de reunir las condiciones necesarias para el ejercicio de sus funciones o haya cometido una falta grave podrá ser cesado por el Tribunal de Justicia, a instancia del Consejo, de la Comisión o del Parlamento.
d) Todas las respuestas son falsas.

23. El Tribunal de Justicia estará compuesto por:

a) Un juez por Estado miembro y 11 abogados generales.
b) Al menos un juez por Estado miembro y nueve abogados generales.
c) Al menos un juez por Estado miembro y los abogados generales rotarán por países.
d) Dos jueces por cada Estado miembro.

24. Las elecciones al Parlamento Europeo se celebran cada:

a) Seis años.
b) Cinco años.
c) Cuatro años.
d) Ocho años.

25.¿Qué país presidirá el Consejo en el segundo semestre de 2025?

a) Hungría.
b) Polonia.
c) Bélgica.
d) Francia.

26. Habrá quórum en el Parlamento cuando se encuentre reunida en el salón de sesiones:

a) La cuarta parte de los diputados que integran el Parlamento.
b) La quinta parte de los diputados que integran el Parlamento.

c) La mitad de los diputados que integran el Parlamento.
d) La tercera parte de los diputados que integran el Parlamento.

27. Serán necesarios para formar grupo parlamentario en el Parlamento Europeo:

a) 25 diputados, que representen al menos a una cuarta parte de los Estados miembros.
b) 25 diputados, que representen al menos a cinco Estados miembros.
c) 25 diputados, que representen al menos a una tercera parte de los Estados miembros.
d) 23 diputados, que representen al menos a una cuarta parte de los Estados miembros.

28. El Presidente del Parlamento Europeo tendrá un mandato de:

a) Tres años.
b) Dos años y medio, sin prórroga.
c) Cinco años, con prórroga.
d) Dos años y medio, prorrogable por otros dos años y medio.

29. No será Institución de la Comunidad:

a) El Consejo de la Unión Europea
b) El Tribunal de Justicia.
c) El Defensor del Pueblo.
d) Todas son Instituciones.

30. Fijar los sueldos, dietas y pensiones del Presidente del Consejo Europeo, del Presidente de la Comisión, del Alto Representante de la Unión para Asuntos Exteriores y Política de Seguridad, de los miembros de la Comisión, de los Presidentes, miembros y secretarios del Tribunal de Justicia de la Unión Europea y del Secretario General del Consejo corresponde al:

a) Parlamento.
b) Consejo.
c) Consejo Europeo.
d) Comisión.

31. El Parlamento:

a) Se reunirá con previa convocatoria el segundo martes de marzo.
b) Se reunirá sin necesidad de previa convocatoria el segundo martes de marzo.
c) Se reunirá la segunda semana de enero con previa convocatoria.
d) Se reunirá el 2 de enero de cada año.

32. En el Parlamento Europeo, las sesiones plenarias mensuales, a las que asisten todos los diputados, se celebran en:

a) Estrasburgo (Francia).
b) Bruselas (Bélgica).

c) Luxemburgo.

d) Holanda.

33. Tendrá derecho a presentar al Parlamento Europeo, individualmente o asociado con otros ciudadanos o personas, una petición sobre un asunto propio de los ámbitos de actuación de la Comunidad que le afecte directamente:

a) Solamente los Estados miembros.

b) Cualquier ciudadano de la Unión, así como cualquier persona física o jurídica que resida o tenga su domicilio social en un Estado miembro.

c) Exclusivamente cualquier ciudadano de la Unión.

d) Todas las respuestas son falsas.

34. El Parlamento Europeo podrá tener, en su caso como máximo, los siguiente Diputados:

a) Su número no excederá de setecientos cincuenta, más el Presidente.

b) Su número no excederá de setecientos cincuenta y uno, más el Presidente.

c) Su número será de setecientos treinta y seis.

d) Su número no excederá de 720 en todo caso

35. El Parlamento Europeo, en caso de que se le someta una moción de censura sobre la gestión de la Comisión:

a) Solo podrá pronunciarse sobre dicha moción transcurridos tres días desde la fecha de su presentación y en votación pública.

b) Solo podrá pronunciarse sobre dicha moción transcurridos tres días como mínimo desde la fecha de su presentación y en votación pública.

c) Solo podrá pronunciarse sobre dicha moción transcurridos cinco días como mínimo desde la fecha de su presentación y en votación pública.

d) No se establece plazo.

36. Las Instituciones Comunitarias en sentido estricto son:

a) El Parlamento Europeo, el Consejo, la Comisión, el Tribunal de Justicia, el Comité de las Regiones y el Comité Económico y Social.

b) El Parlamento Europeo, el Consejo, la Comisión, el Tribunal de Justicia y el Comité de las Regiones.

c) El Parlamento Europeo, el Consejo, la Comisión, el Tribunal de Justicia y el Comité Económico y Social.

d) El Parlamento Europeo, el Consejo, la Comisión, el Tribunal de Justicia, el Tribunal de Cuentas, el Banco Central Europeo y el Consejo Europeo.

37. ¿Qué Institución de la Unión Europea está compuesta por un representante de cada Estado miembro de rango ministerial?

a) La Comisión.
b) El Consejo.
c) El Tribunal de Justicia.
d) El Comité Económico y Social.

38. Respecto de la moción de censura:

a) Si la moción de censura es aprobada por mayoría de dos tercios de los votos emitidos que representen, a su vez, la mayoría de los diputados que componen el Parlamento Europeo, los miembros de la Comisión deberán dimitir colectivamente de sus cargos y el Alto Representante de la Unión para Asuntos Exteriores y Política de Seguridad deberá dimitir del cargo que ejerce en la Comisión.

b) Si la moción de censura es aprobada por mayoría de dos tercios de los votos emitidos que representen, a su vez, la mayoría de los diputados que componen el Parlamento Europeo, los miembros de la Comisión deberán dimitir colectivamente de sus cargos, excepto el Alto Representante de la Unión para Asuntos Exteriores y Política de Seguridad.

c) Si la moción de censura es aprobada por mayoría de tres quintos de los votos emitidos que representen, a su vez, la mayoría de los diputados que componen el Parlamento Europeo, los miembros de la Comisión deberán dimitir colectivamente de sus cargos y el Alto Representante de la Unión para Asuntos Exteriores y Política de Seguridad deberá dimitir del cargo que ejerce en la Comisión.

d) Todas son falsas.

39. El número mínimo de Diputados al Parlamento por país será de:

a) Seis.
b) Cinco.
c) Cuatro.
d) Ocho.

40. El Consejo decidirá la organización de la Secretaría General por:

a) Unanimidad.
b) Mayoría simple.
c) Mayoría cualificada.
d) Consenso.

41. La mayoría cualificada en el Consejo, cuando actúe a instancias de la Comisión, se definirá:

a) Como un mínimo del 55 % de los miembros del Consejo que incluya al menos a quince de ellos, que represente a Estados miembros que reúnan como mínimo el 65 % de la población de la Unión.

b) Como un mínimo del 65 % de los miembros del Consejo que incluya al menos a quince de ellos, que represente a Estados miembros que reúnan como mínimo el 55 % de la población de la Unión.

c) Como un mínimo del 55 % de los miembros del Consejo que incluya al menos a quince de ellos, que represente a Estados miembros que reúnan como mínimo el 72 % de la población de la Unión.

d) Como un mínimo del 55 % de los miembros del Consejo que incluya al menos a diez de ellos, que represente a Estados miembros que reúnan como mínimo el 72 % de la población de la Unión.

42. Son formaciones de existencia necesaria en Consejo:

a) El Consejo de Asuntos Generales y el Consejo de Asuntos Exteriores.

b) El Consejo de Asuntos Generales, el Consejo de Asuntos Exteriores y el Consejo de Asuntos de Justicia e Interior.

c) El Consejo de Asuntos Generales, el Consejo de Asuntos Exteriores y el Consejo de Asuntos Económicos y Financieros.

d) El Consejo de Asuntos Generales y el ECOFIN.

43. Los Tratados establecen, respecto de la composición de la Comisión, que a partir del 1 de noviembre de 2014, la Comisión estará compuesta por:

a) Un número de miembros correspondiente a los tres quintos del número de Estados miembros, a menos que el Consejo Europeo decida por unanimidad modificar dicho número.

b) Un número de miembros correspondiente a los dos tercios del número de Estados miembros, a menos que el Consejo de la Unión Europea decida por unanimidad modificar dicho número.

c) Un número de miembros correspondiente a los dos tercios del número de Estados miembros, a menos que el Consejo Europeo decida por unanimidad modificar dicho número.

d) Un número de miembros correspondiente a los dos tercios del número de Estados miembros, a menos que el Parlamento Europeo decida por unanimidad modificar dicho número.

44. En el Consejo y cuando se vote por mayoría cualificada, para bloquear una decisión, son necesarios:

a) Al menos 4 países, que representen, como mínimo, al 35 % de la población total de la UE.

b) Al menos 3 países, que representen, como mínimo, al 35 % de la población total de la UE.

c) Al menos 4 países, que representen, como mínimo, al 55 % de la población total de la UE.

d) Al menos 4 países, que representen, como mínimo, al 65 % de la población total de la UE.

45. Los jueces elegirán de entre ellos al Presidente del Tribunal General por un periodo de:

a) Seis años no renovables.
b) Cinco años renovables.
c) Tres años y su mandato será renovable.
d) Cuatro años renovables.

46. La Presidencia del Consejo y las de sus distintas formaciones están asistidas por:

a) El Consejo Económico y Social.
b) El Parlamento.
c) Una Secretaría General
d) El Órgano Consultivo de la Unión Europea.

47. Señala la respuesta verdadera:

a) El Parlamento Europeo representa a los ciudadanos de la UE y es elegido directamente por ellos.
b) El Consejo de la Unión Europea representa a los Estados miembros individuales.
c) La Comisión Europea defiende los intereses de la Unión en conjunto.
d) Todas son verdaderas.

48. Señala la respuesta falsa:

a) La Comisión tendrá su sede en Bruselas, aunque algunos de sus servicios se establecerán en Luxemburgo.
b) El Tribunal de Justicia de la Unión Europea tendrá su sede en Luxemburgo.
c) El Tribunal de Cuentas tendrá su sede en Luxemburgo.
d) El Comité Económico y Social tendrá su sede en La Haya.

49. Cuando hablamos del Consejo nos estamos refiriendo:

a) Al Consejo de la Unión Europea.
b) Al Consejo Europeo.
c) Al Consejo de Europa.
d) Todas las respuestas son falsas.

50. En el Parlamento el periodo de sesiones será:

a) El primero de septiembre a diciembre y el segundo de febrero a junio.
b) El primero de enero a junio y el segundo de septiembre a diciembre.
c) La duración del periodo de sesiones será de un año.
d) De enero a octubre.

51. La Presidencia del Consejo de la Unión Europea:

a) Es rotatoria cada 6 meses.
b) Es de dos años y medio.
c) Será rotatoria solamente la del Consejo Europeo.
d) Será de un año.

52. La Presidencia de las formaciones del Consejo:

a) Será desempeñada por los representantes de los Estados miembros en el Consejo mediante un sistema de rotación igual.
b) Con excepción de la de Asuntos Exteriores, será desempeñada por los representantes de los Estados miembros en el Consejo mediante un sistema de rotación igual.
c) Será desempeñada por el presidente del Consejo Europeo.
d) Todas las respuestas son falsas.

53. En el Consejo es una formación de existencia obligatoria:

a) El Consejo de Asuntos Exteriores.
b) El Consejo de Asuntos Económicos y Financieros (ECOFIN).
c) El Consejo de Asuntos de Justicia e Interior, que reúne a los Ministros de Justicia o de Interior.
d) El Consejo de Empleo, Política Social, Salud y Consumidores.

54. Respecto a la Secretaría General del Consejo:

a) La Presidencia del Consejo y las de sus distintas formaciones están asistidas por la Secretaría General del Consejo, órgano administrativo y de gestión interna cuya dirección detenta un Secretario General, nombrado por el Consejo.
b) El Consejo decidirá por mayoría simple la organización de la Secretaría General.
c) El Consejo se pronunciará por mayoría simple en las cuestiones de procedimiento y para la aprobación de su reglamento interno.
d) Todas las respuestas son verdaderas.

55. El Consejo:

a) Por mayoría cualificada, podrá pedir a la Comisión que proceda a efectuar todos los estudios que él considere oportunos para la consecución de los objetivos comunes y que le someta las propuestas pertinentes. Si la Comisión no presenta propuesta alguna, comunicará las razones al Consejo.
b) Por mayoría simple, podrá pedir al Parlamento que proceda a efectuar todos los estudios que él considere oportunos para la consecución de los objetivos comunes y que le someta las propuestas pertinentes.

c) Podrá pedir a la Comisión que proceda a efectuar todos los estudios que él considere oportunos para la consecución de los objetivos comunes y que le someta las propuestas pertinentes. Si la Comisión no presenta propuesta alguna, comunicará las razones al Consejo.

d) Por mayoría simple, podrá pedir a la Comisión que proceda a efectuar todos los estudios que él considere oportunos para la consecución de los objetivos comunes y que le someta las propuestas pertinentes. Si la Comisión no presenta propuesta alguna, comunicará las razones al Consejo.

56. Los miembros de la Comisión serán elegidos en razón de su competencia general y de su compromiso europeo:

a) Será necesario haber ostentando el cargo de ministro en su país miembro.
b) Será necesario haber sido miembro del Parlamento Europeo.
c) De entre personalidades que ofrezcan plenas garantías de independencia.
d) De entre personalidades de cada Estado miembro que sean a su vez miembros del gobierno nacional de cada país.

57. A los vicepresidentes de la Comisión los nombra:

a) El Presidente.
b) El Consejo.
c) El Consejo Europeo.
d) La Comisión en pleno.

58. La Comisión será nombrada por:

a) El Parlamento.
b) El Consejo.
c) Conjuntamente por el Parlamento y el Consejo.
d) El Consejo Europeo, por mayoría cualificada.

59. De acuerdo con el TUE, las instituciones mantendrán entre sí:

a) Relaciones de coordinación.
b) Relaciones de cooperación.
c) Una coordinación y cooperación leal.
d) Una cooperación leal.

60. Las responsabilidades que incumben a la Comisión:

a) Vienen determinadas para cada Comisario en el Tratado de Lisboa.
b) Se las atribuye el Consejo.
c) Serán estructuradas y repartidas entre sus miembros por el Presidente.
d) Serán atribuidas de acuerdo con el reglamento interno de la Comisión.

61. Como regla general, la Institución que tiene la iniciativa legislativa es:

a) El Consejo.
b) La Comisión.
c) El Parlamento.
d) Todos ellos.

62. El número mínimo y máximo, respectivamente, de parlamentarios por país es de:

a) 5 y 96.
b) 6 y 99.
c) 6 y 96.
d) 6 y 98.

63. En el Parlamento Europeo los parlamentarios que no pertenecen a ningún grupo, se denominan:

a) No inscritos.
b) Grupo mixto.
c) Grupo europeo.
d) Todos deben pertenecer a un grupo parlamentario.

64. En el Parlamento Europeo en la actualidad existen los siguientes cuestores:

a) 4.
b) 5.
c) 6.
d) 7.

65. En el Parlamento existen o pueden existir:

a) Comisiones permanentes.
b) Comisiones especiales.
c) Comisiones de investigación.
d) Todas ellas.

66. Respecto a las peticiones al Parlamento las pueden presentar:

a) Cualquier ciudadano de la Unión, así como cualquier persona física o jurídica que resida o tenga su domicilio social en un Estado miembro, tendrá derecho a presentar al Parlamento Europeo, individualmente o asociado con otros ciudadanos o personas, una petición sobre un asunto propio de los ámbitos de actuación de la Unión que le afecte directamente.

b) Cualquier Estado, así como cualquier persona jurídica que resida o tenga su domicilio social en un Estado miembro, tendrá derecho a presentar al Parlamento Europeo, individualmente o asociado con otros ciudadanos o personas, una petición sobre un asunto propio de los ámbitos de actuación de la Unión que le afecte directamente.

c) Cualquier ciudadano de la Unión, así como cualquier persona física o jurídica que resida o tenga su domicilio social en un Estado miembro, tendrá derecho a presentar al Parlamento Europeo, exclusivamente de forma individual una petición sobre un asunto propio de los ámbitos de actuación de la Unión que le afecte directamente.

d) Cualquier Estado tendrá derecho a presentar al Parlamento Europeo una petición sobre un asunto propio de los ámbitos de actuación de la Unión que le afecte directamente.

67. Cuando el Consejo no actúe a propuesta de la Comisión o del Alto Representante de la Unión para Asuntos Exteriores y Política de Seguridad, la mayoría cualificada se definirá con:

a) Un mínimo del 72 % de los miembros del Consejo.
b) Un mínimo del 72 % de la población.
c) Un mínimo del 65 % de los miembros del Consejo.
d) Todas son falsas.

68. El Presidente, el Alto Representante de la Unión para Asuntos Exteriores y Política de Seguridad y los demás miembros de la Comisión se someterán colegiadamente al voto de aprobación de:

a) Parlamento Europeo.
b) Consejo Europeo.
c) Consejo.
d) Tribunal de Justicia.

69. El Parlamento Europeo tiene en la actualidad los siguientes Diputados:

a) 705, incluido el Presidente.
b) 750, incluido el Presidente
c) 750, más el Presidente
d) 720, incluido el Presidente

70. ¿Qué Tratado regula el mercado interior como una de las innovaciones más importantes, y que por ello va a permitir crear y desarrollar en un futuro el mercado único europeo, eliminando las barreras a las fronteras que existían hasta ese momento?

a) Lisboa.
b) Niza.
c) Ámsterdam.
d) Acta Única.

71. El Presidente del Tribunal de Justicia lo elige:

a) La Comisión.
b) El Consejo Europeo.
c) El Consejo de la Unión Europea.
d) Los jueces del Tribunal de Justicia.

72. Será miembro nato de la Comisión:

a) El Presidente del Consejo Europeo.
b) El Presidente del Consejo de la Unión Europea.
c) El Alto Representante de la Unión para Asuntos Exteriores y Política de Seguridad.
d) El Presidente del Parlamento Europeo.

73. En el Consejo de la Unión Europea en las votaciones por mayoría cualificada, las abstenciones cuentan:

a) Como abstenciones.
b) Como votos en contra.
c) Como votos a favor.
d) Todas son falsas.

74. ¿Cuántos miembros tiene el Tribunal General de la Unión Europea?

a) Uno por cada Estado.
b) Dos por cada Estado.
c) 49.
d) 47.

75. El Consejo Europeo está compuesto por:

a) Los Jefes de Estado o de Gobierno de los Estados miembros, así como por su Presidente y por el Presidente de la Comisión. Participará en sus trabajos el Alto Representante de la Unión para Asuntos Exteriores y Política de Seguridad.
b) Los Jefes de Estado o de Gobierno de los Estados miembros, así como por su Presidente. Participará en sus trabajos el Alto Representante de la Unión para Asuntos Exteriores y Política de Seguridad.
c) Los Jefes de Estado o de Gobierno de los Estados miembros y por el Presidente de la Comisión. Participará en sus trabajos el Alto Representante de la Unión para Asuntos Exteriores y Política de Seguridad.
d) Los Jefes de Estado o de Gobierno de los Estados miembros, así como por su Presidente y por el Presidente de la Comisión. También por el Alto Representante de la Unión para Asuntos Exteriores y Política de Seguridad.

76. El Parlamento Europeo en la actualidad:

a) Tiene 705 diputados.
b) Tiene 720 diputados, incluido el Presidente.
c) Tiene 720 diputados, más el Presidente.
d) Tiene 722 diputados.

77. Acerca del Presidente del Consejo Europeo diremos que:

a) Es una figura de nueva creación tras el Tratado de Lisboa.
b) Su mandato será de dos años y medio.
c) Su misión principal será garantizar la preparación y continuidad de su labor y favorecer el consenso entre los países miembros.
d) Todas las respuestas son verdaderas.

78. El Consejo Europeo se reunirá:

a) Una vez por semestre por convocatoria de su Presidente.
b) Dos veces por semestre por convocatoria de su Presidente.
c) Tres veces por semestre o a petición de su Presidente.
d) Todas son falsas.

79. ¿Qué Presidente tiene un mandato máximo de dos años y medio?

a) El de la Comisión.
b) El del Consejo de la Unión Europea.
c) El del Consejo Europeo.
d) Todos ellos

80. Cuál de las siguientes no es una formación del Consejo en la actualidad:

a) El Consejo de Empleo, Política Social, Salud y Consumidores.
b) El Consejo de Competitividad y Transparencia.
c) El Consejo de Transportes, Telecomunicaciones y Energía.
d) El Consejo de Agricultura y Pesca.

81. Respecto del Consejo Europeo:

a) Es el órgano legislativo ordinario.
b) No ejercerá función legislativa alguna.
c) Normalmente, el Consejo Europeo se reúne en Estrasburgo.
d) Es una figura de nueva creación en el Tratado de Lisboa.

82. Los diputados al Parlamento Europeo serán elegidos por sufragio:

a) Universal, directo, libre y secreto.
b) Universal, directo y libre.
c) Universal, igual, directo, secreto y libre.
d) Universal, secreto y libre.

83. Cuando la situación lo exija, se convocará una reunión extraordinaria del Consejo Europeo por:

a) Su Presidente.
b) Cualquier Estado.
c) El Presidente de la Comisión.
d) El Presidente del Consejo de la Unión Europea.

84. El Presidente del Consejo Europeo:

a) Asumirá en exclusiva la representación exterior de la Unión en los asuntos de política exterior y de seguridad común.
b) No podrá ejercer mandato nacional alguno, salvo la de Ministro.
c) Su mandato será renovable por una sola vez.
d) Todas las respuestas son verdaderas.

85. Salvo que los Tratados dispongan otra cosa, el Consejo Europeo se pronunciará por:

a) Consenso.
b) Mayoría cualificada.
c) Unanimidad.
d) Mayoría simple.

86. Una Decisión es:

a) Un acto jurídico vinculante que solamente puede tener un ámbito de aplicación general
b) Un acto jurídico no vinculante que puede tener un ámbito de aplicación general o estar dirigido a un destinatario concreto.
c) Un acto jurídico vinculante que puede tener un ámbito de aplicación general o estar dirigido a un destinatario concreto.
d) Un acto jurídico vinculante que puede tener un ámbito de aplicación general o estar dirigido a un destinatario concreto, siendo en este caso únicamente los Estados miembros.

87. ¿Durante qué meses el Consejo celebra sus sesiones en Luxemburgo?

a) Abril, junio y octubre.
b) Abril, julio y octubre.

c) Abril, septiembre y diciembre.
d) Mayo, junio y octubre.

88.La actual Comisión tiene los siguientes Vicepresidentes:

a) 6.
b) 4.
c) 5.
d) 7.

89. Las Directivas:

a) No tienen efecto directo en ningún caso.
b) Tienen efecto directo en todo caso.
c) Si la directiva es clara y detallada puede generar derechos aunque no esté transpuesta al Ordenamiento interno.
d) Si la directiva es clara y detallada puede generar derechos, pero tiene que estar ya transpuesta.

90. La composición del Parlamento Europeo se fijará:

a) Por el Consejo por unanimidad, a iniciativa del Parlamento y con su aprobación.
b) Por el Consejo Europeo por unanimidad, a iniciativa del Parlamento Europeo y con su aprobación.
c) Por la Comisión.
d) Por el Consejo Europeo por consenso, a iniciativa del Parlamento Europeo y con su aprobación.

91. ¿Qué Institución dará a la Unión los impulsos necesarios para su desarrollo y definirá sus orientaciones y prioridades políticas generales de la Unión Europea?

a) El Consejo.
b) La Comisión.
c) El Consejo Europeo.
d) El Parlamento.

92. ¿Qué Institución no tiene competencias legislativas?

a) El Parlamento.
b) El Consejo.
c) El Consejo Europeo.
d) Las tienen todas ellas.

93. ¿En qué caso se puede convocar una sesión extraordinaria al Consejo Europeo?

a) Cuando la situación lo exija.
b) Cuando exista urgencia.
c) Cuando lo requieran tres países miembros.
d) A propuesta del Consejo y de la Comisión.

94. ¿Qué Tratado se firma el 26 de febrero de 2001?

a) Lisboa.
b) Niza.
c) Ámsterdam.
d) Maastricht.

95. El Presidente del Consejo Europeo es elegido por:

a) El propio Consejo Europeo por mayoría cualificada por dos años y medio.
b) El propio Consejo Europeo por consenso por dos años y medio.
c) El propio Consejo Europeo por unanimidad por dos años y medio.
d) El Consejo de la Unión Europea por mayoría cualificada por dos años y medio.

96. De acuerdo con el artículo 15.6 del TUE, sin perjuicio de las atribuciones del Alto Representante de la Unión para Asuntos Exteriores y Política de Seguridad, ¿quién asumirá, de acuerdo con el TUE, en su rango y condición, la representación exterior de la Unión en los asuntos de política exterior y de seguridad común?

a) El Consejo Europeo.
b) El Presidente del Consejo Europeo.
c) El Presidente de la Comisión.
d) El Consejo.

97. ¿Qué formación del Consejo preparará las reuniones del Consejo Europeo?

a) El Consejo de Asuntos Generales.
b) El Consejo de Representantes Permanentes.
c) El Consejo de Política General.
d) El Consejo de Relaciones Generales.

98. El Consejo se divide en:

a) Formaciones.
b) Direcciones Generales.
c) Ministerios.
d) Secretarías Generales.

99. El Consejo se reunirá en público:

a) En todo caso.
b) Cuando delibere y vote sobre un proyecto de acto legislativo.
c) Para asuntos de política exterior.
d) En los asuntos que así lo acuerde el propio Consejo.

100. ¿Quién se encargará de preparar los trabajos del Consejo?

a) La Comisión.
b) Un Comité de Representantes Permanentes de los Gobiernos de los Estados miembros.
c) Un Consejo de Representantes Permanentes de los Gobiernos de los Estados miembros.
d) Los embajadores de los Estados miembros.

101. España tiene en la actualidad los siguientes Diputados al Parlamento Europeo:

a) 50.
b) 59.
c) 65.
d) 61.

102. ¿Qué Institución promoverá el interés general de la Unión y tomará las iniciativas adecuadas con este fin?

a) El Consejo.
b) El Consejo Europeo.
c) La Comisión.
d) El Parlamento.

103. El Tratado de Lisboa:

a) Modifica los dos textos fundamentales de la UE: el Tratado de la Unión Europea y el Tratado constitutivo de la Comunidad Europea.
b) El Tratado Constitutivo pasará a llamarse Tratado de Funcionamiento de la Unión Europea.
c) Entrará en vigor el 1 de diciembre de 2010.
d) Las respuestas a) y b) son verdaderas.

104. Son normas de resultado y un instrumento para armonizar las legislaciones de los Estados miembros:

a) Reglamento.
b) Directivas.
c) Decisiones.
d) Todas son verdaderas.

105. Excepto cuando los Tratados dispongan otra cosa, los actos legislativos de la Unión solo podrán adoptarse a propuesta:

a) De la Comisión.
b) Del Parlamento.
c) Del Consejo.
d) Del Consejo Europeo.

106. ¿Qué Institución tiene una responsabilidad colegiada ante el Parlamento?

a) El Consejo.
b) El Consejo Europeo.
c) La Comisión.
d) Todos ellas.

107. Tendrá un alcance general, será obligatorio en todos sus elementos y directamente aplicable en cada Estado miembro:

a) Reglamento.
b) Directiva.
c) Decisiones.
d) Todas son verdaderas.

108. Son normas de resultado y un instrumento para armonizar las legislaciones de los Estados miembros:

a) Reglamento.
b) Directiva.
c) Decisiones.
d) Todas son verdaderas.

109. En España corresponderá transponer la Directiva:

a) Al Estado o a las Comunidades Autónomas de acuerdo con sus competencias, aunque el responsable del cumplimiento ante la CE será el Estado español.
b) Al Estado.
c) A las Comunidades Autónomas.
d) Al Estado, Comunidades Autónomas y Entidades Locales.

110. Señala la respuesta correcta:

a) La Decisión será obligatoria en todos sus elementos para todos sus destinatarios.
b) La Decisión tiene carácter limitado, puesto que aunque es obligatoria, no suele tener carácter general sino que va dirigida a destinatarios concretos.

c) La Decisión tiene destinatarios determinados, con la particularidad de que estos no son necesariamente Estados, sino que también pueden serlo los particulares.

d) Todas son verdaderas.

111. Las Recomendaciones y los Dictámenes:

a) Serán vinculantes.

b) No serán vinculantes.

c) Las Recomendaciones serán vinculantes y los Dictámenes nunca.

d) Las Recomendaciones nunca serán vinculantes y los Dictámenes serán vinculantes.

112. Desde un punto de vista material, un Reglamento equivaldría en la legislación nacional española a:

a) Una Ley.

b) Un Real Decreto.

c) Una Orden.

d) Cualquiera de ellos.

113. Que el Reglamento tiene alcance general significa que su ámbito de aplicación se extiende a:

a) Las Instituciones.

b) Estados miembros.

c) Personas físicas y jurídicas, cualquiera que sea su naturaleza y el ámbito de funciones.

d) Todas son verdaderas.

114. El Reglamento:

a) Prevalece sobre cualquier norma estatal, excepto a la Constitución.

b) Prevalece sobre cualquier norma estatal.

c) Como norma, no cabe alegarlo ante los Tribunales.

d) Todas son falsas.

115. La Directiva:

a) En principio no tiene efecto directo.

b) Tiene efecto directo.

c) No tiene carácter obligatorio.

d) Como norma no precisa de su transposición al derecho interno de cada Estado.

Solución al test n.º 2

1. a) El Tribunal de Justicia, el Tribunal General y los tribunales especializados.

2. a) Un representante de cada Estado miembro, de rango ministerial, facultado para comprometer al Gobierno del Estado miembro al que represente y para ejercer el derecho de voto.

3. c) Mayoría cualificada.

4. c) La Comisión.

5. c) El Consejo Europeo, por mayoría cualificada.

6. b) El Parlamento Europeo, el Consejo y la Comisión estarán asistidos por un Comité Económico y Social y por un Comité de las Regiones que ejercerán funciones consultivas.

7. d) Todas las respuestas son verdaderas.

8. c) Cinco años.

9. a) Conjuntamente por el Consejo y el Parlamento, por un procedimiento especial.

10. a) La representación de cada miembro ante la UE.

11. a) 14.

12. a) 5 años.

13. b) Bruselas.

14. b) Renovable.

15. d) Por mayoría del número de miembros.

16. a) Luxemburgo.

17. d) Todas las respuestas son verdaderas.

18. a) La circunscripción electoral sea única para todo el territorio nacional.

19. a) El Consejo.

20. a) Solamente los nacionales de los Estados miembros podrán ser miembros de la Comisión.

21. d) Todas las respuestas son verdaderas.

22. a) Todo miembro de la Comisión que deje de reunir las condiciones necesarias para el ejercicio de sus funciones o haya cometido una falta grave podrá ser cesado por el Tribunal de Justicia, a instancia del Consejo, por mayoría simple, o de la Comisión.

23. a) Un juez por Estado miembro y 11 abogados generales.

24. b) Cinco años.

25. b) Polonia.

26. d) La tercera parte de los diputados que integran el Parlamento.

27. d) 23 diputados, que representen al menos a una cuarta parte de los Estados miembros.

28. d) Dos años y medio, prorrogable por otros dos años y medio.

29. c) El Defensor del Pueblo.

30. b) Consejo.

31. b) Se reunirá sin necesidad de previa convocatoria el segundo martes de marzo.

32. a) Estrasburgo (Francia).

33. b) Cualquier ciudadano de la Unión, así como cualquier persona física o jurídica que resida o tenga su domicilio social en un Estado miembro.

34. a) Su número no excederá de setecientos cincuenta, más el Presidente.

35. b) Solo podrá pronunciarse sobre dicha moción transcurridos tres días como mínimo desde la fecha de su presentación y en votación pública.

36. d) El Parlamento Europeo, el Consejo, la Comisión, el Tribunal de Justicia, el Tribunal de Cuentas, el Banco Central Europeo y el Consejo Europeo.

37. b) El Consejo.

38. a) Si la moción de censura es aprobada por mayoría de dos tercios de los votos emitidos que representen, a su vez, la mayoría de los diputados que componen el Parlamento Europeo, los miembros de la Comisión deberán dimitir colectivamente de sus cargos y el Alto Representante de la Unión para Asuntos Exteriores y Política de Seguridad deberá dimitir del cargo que ejerce en la Comisión.

39. a) Seis.

40. b) Mayoría simple.

41. a) Como un mínimo del 55 % de los miembros del Consejo que incluya al menos a quince de ellos, que represente a Estados miembros que reúnan como mínimo el 65 % de la población de la Unión.

42. a) El Consejo de Asuntos Generales y el Consejo de Asuntos Exteriores.

43. c) Un número de miembros correspondiente a los dos tercios del número de Estados miembros, a menos que el Consejo Europeo decida por unanimidad modificar dicho número.

44. a) Al menos 4 países, que representen, como mínimo, al 35 % de la población total de la UE.

45. c) Tres años y su mandato será renovable.

46. c) Una Secretaría General.

47. d) Todas son verdaderas.

48. d) El Comité Económico y Social tendrá su sede en La Haya.

49. a) Al Consejo de la Unión Europea.

50. c) La duración del periodo de sesiones será de un año.

51. a) Es rotatoria cada 6 meses.

52. b) Con excepción de la de Asuntos Exteriores, será desempeñada por los representantes de los Estados miembros en el Consejo mediante un sistema de rotación igual.

53. a) El Consejo de Asuntos Exteriores.

54. d) Todas las respuestas son verdaderas.

55. d) Por mayoría simple, podrá pedir a la Comisión que proceda a efectuar todos los estudios que él considere oportunos para la consecución de los objetivos comunes y que le someta las propuestas pertinentes. Si la Comisión no presenta propuesta alguna, comunicará las razones al Consejo.

56. c) De entre personalidades que ofrezcan plenas garantías de independencia.

57. a) El Presidente.

58. d) El Consejo Europeo, por mayoría cualificada.

59. d) Una cooperación leal.

60. c) Serán estructuradas y repartidas entre sus miembros por el Presidente.

61. b) La Comisión.

62. c) 6 y 96.

63. a) No inscritos.

64. b) 5.

65. d) Todas ellas.

66. a) Cualquier ciudadano de la Unión, así como cualquier persona física o jurídica que resida o tenga su domicilio social en un Estado miembro, tendrá derecho a presentar al Parlamento Europeo, individualmente o asociado con otros ciudadanos o personas, una petición sobre un asunto propio de los ámbitos de actuación de la Unión que le afecte directamente.

67. a) Un mínimo del 72 % de los miembros del Consejo.

68. a) Parlamento Europeo.

69. d) 720, incluido el Presidente

70. d) Acta Única.

71. d) Los jueces del Tribunal de Justicia.

72. c) El Alto Representante de la Unión para Asuntos Exteriores y Política de Seguridad.

73. b) Como votos en contra.

74. b) Dos por cada Estado.

75. a) Los Jefes de Estado o de Gobierno de los Estados miembros, así como por su Presidente y por el Presidente de la Comisión. Participará en sus trabajos el Alto Representante de la Unión para Asuntos Exteriores y Política de Seguridad.

76. b) Tiene 720 diputados, incluido el Presidente.

77. d) Todas las respuestas son verdaderas.

78. b) Dos veces por semestre por convocatoria de su Presidente.

79. c) El del Consejo Europeo.

80. b) El Consejo de Competitividad y Transparencia.

81. b) No ejercerá función legislativa alguna.

82. a) Universal, directo, libre y secreto.

83. a) Su Presidente.

84. c) Su mandato será renovable por una sola vez.

85. a) Consenso.

86. c) Un acto jurídico vinculante que puede tener un ámbito de aplicación general o estar dirigido a un destinatario concreto.

87. a) Abril, junio y octubre.

88. a) 6

89. c) Si la directiva es clara y detallada puede generar derechos aunque no esté transpuesta al Ordenamiento interno.

90. b) Por el Consejo Europeo por unanimidad, a iniciativa del Parlamento Europeo y con su aprobación.

91. c) El Consejo Europeo.

92. c) El Consejo Europeo.

93. a) Cuando la situación lo exija.

94. b) Niza.

95. a) El propio Consejo Europeo por mayoría cualificada por dos años y medio.

96. b) El Presidente del Consejo Europeo.

97. a) El Consejo de Asuntos Generales.

98. a) Formaciones.

99. b) Cuando delibere y vote sobre un proyecto de acto legislativo.

100. b) Un Comité de Representantes Permanentes de los Gobiernos de los Estados miembros.

101. d) 61.

102. c) La Comisión.

103. d) Las respuestas a) y b) son verdaderas.

104. b) Directivas.

105. a) De la Comisión.

106. c) La Comisión.

107. a) Reglamento.

108. b) Directiva.

109. a) Al Estado o a las Comunidades Autónomas de acuerdo con sus competencias, aunque el responsable del cumplimiento ante la CE será el Estado español.

110. d) Todas son verdaderas.

111. b) No serán vinculantes.

112. a) Una Ley.

113. d) Todas son verdaderas.

114. b) Prevalece sobre cualquier norma estatal.

115. a) En principio no tiene efecto directo.

TEST N.º 3

La Ley Orgánica de Reintegración y Amejoramiento del Régimen Foral de Navarra: naturaleza y significado. El título Preliminar. Las competencias de Navarra

1. La Ley Orgánica de Reintegración y Amejoramiento del Régimen Foral de Navarra fue sancionada por el Rey el día:

a) 26 de enero de 1979.
b) 13 de octubre de 1968.
c) 10 de agosto de 1982.
d) 8 de marzo de 1982.

2. La LORAFNA es de naturaleza:

a) Pactada.
b) Unilateral.
c) Paccionada.
d) Las respuestas a) y c) son ciertas.

3. ¿Cómo se denomina el Título III de la LORAFNA?

a) Facultades y competencias de Navarra.
b) De la Reforma.
c) De las Instituciones Forales de Navarra.
d) Disposiciones Generales.

4. De acuerdo con el artículo 1 de la LORAFNA, Navarra constituye:

a) Una Provincia Foral.
b) Un Reino Foral.
c) Una Comunidad Foral.
d) Una Comunidad federal.

5. La Ley Orgánica de Reintegración y Amejoramiento del Régimen Foral de Navarra es de:

a) 11 de abril de 1983.
b) 10 de agosto de 1982.
c) 1 de marzo de 1973.
d) 16 de agosto de 1841.

6. A los efectos de la Ley Orgánica 13/1982, ostentarán la condición política de navarros:

a) Los extranjeros que tengan la vecindad administrativa en cualquiera de los municipios de Navarra.
b) Los españoles que tengan la vecindad administrativa en cualquiera de los municipios de Navarra.
c) Los españoles residentes en el extranjero que hayan tenido en Navarra su última vecindad administrativa.
d) Las tres opciones anteriores son ciertas.

7. Conforme a la LORAFNA, los navarros tendrán:

a) Distintos derechos, libertades y deberes fundamentales que los demás españoles.
b) Los mismos derechos, libertades y deberes fundamentales que los demás españoles.
c) Los mismos derechos y libertades fundamentales que los demás españoles, pero distintos deberes fundamentales.
d) Los mismos deberes fundamentales, pero distintos derechos y libertades fundamentales.

8. De acuerdo con la LORAFNA, los derechos originarios e históricos de la Comunidad Foral de Navarra serán respetados y amparados por los poderes públicos con arreglo a:

a) La Ley de 25 de octubre de 1839, la Ley Paccionada de 16 de agosto de 1841 y disposiciones complementarias.
b) La Ley Orgánica 13/1982, de 10 de agosto.
c) La Constitución Española de 1978 de conformidad con lo previsto en el párrafo primero de su disposición adicional primera.
d) Las tres opciones anteriores son ciertas.

9. El Amejoramiento, en los términos de la Ley Orgánica 13/1982, tiene por objeto integrar en el Régimen Foral de Navarra todas aquellas facultades y competencias compatibles con:

a) La unidad constitucional.
b) La voluntad constitucional.

c) La voluntad consuetudinaria.
d) La unidad foral.

10. ¿Cuántos artículos tiene la LORAFNA?

a) 61.
b) 77.
c) 81.
d) 70.

11. El Título de la LORAFNA «Facultades y competencias de Navarra» va después del Título:

a) De la Reforma.
b) De las Instituciones Forales de Navarra.
c) Facultades y competencias del Estado.
d) Disposiciones Generales.

12. Conforme a la LORAFNA, el vascuence:

a) No tendrá carácter de lengua oficial en ninguna zona de Navarra.
b) Tendrá carácter de lengua oficial en toda Navarra.
c) Tendrá carácter de lengua oficial en las zonas vascoparlantes de Navarra.
d) Es la lengua oficial de Navarra.

13. ¿Entre qué años discurrió el proceso de elaboración de la LORAFNA?

a) 1975-1978.
b) 1979-1982.
c) 1980-1981.
d) 1977-1982.

14. En toda Navarra:

a) El castellano es la lengua oficial.
b) El vascuence tendrá carácter de lengua oficial.
c) El vascuence tendrá carácter de lengua cooficial.
d) Las respuestas a) y c) son ciertas.

15. El territorio de la Comunidad Foral de Navarra está integrado por el de los municipios comprendidos en sus Merindades históricas en el momento de promulgarse la LORAFNA, de:

a) Pamplona, Estella, Tudela, Tafalla y Sangüesa.
b) Pamplona, Estella, Tudela, Sangüesa y Olite.

c) Pamplona, Tudela, Sangüesa y Olite.
d) Pamplona, Tudela, Estella, Sangüesa y Viana.

16. El Amejoramiento del Fuero:

a) Tiene Título Preliminar y 2 Títulos más.
b) Tiene Título Preliminar y 3 Títulos más.
c) Tiene Título Preliminar y 4 Títulos más.
d) No tiene Título Preliminar.

17. El Título Preliminar del Amejoramiento del Fuero es el relativo a:

a) Las Instituciones Forales de Navarra.
b) Las Facultades y Competencias de Navarra.
c) Sus Disposiciones Generales.
d) Su Reforma.

18. Se dice que Navarra constituye una Comunidad Foral en:

a) El artículo 1 de la Constitución Española.
b) La Disposición Adicional Primera de la Constitución Española.
c) El artículo 1 de la LORAFNA.
d) La Disposición Adicional Primera de la LORAFNA.

19. Navarra constituye una Comunidad Foral con:

a) Régimen propio.
b) Autonomía.
c) Instituciones propias.
d) Las tres opciones anteriores son ciertas.

20. El Título "De la reforma" de la LORAFNA:

a) Es el siguiente al Título Preliminar.
b) Es el siguiente al Título "Competencias y facultades de Navarra".
c) Es el anterior al Título "Competencias y facultades de Navarra".
d) Es el anterior al Título "De las Instituciones forales de Navarra".

21. La Ley Orgánica 13/1982 es de naturaleza:

a) Impositiva por el Estado.
b) Impositiva por Navarra.
c) Paccionada entre el Estado y Navarra.
d) Ninguna de las opciones anteriores es cierta.

22. El vascuence tendrá carácter de lengua oficial en:

a) La Zona Sur de Navarra.
b) La Zona Media de Navarra.
c) Las zonas vascoparlantes de Navarra.
d) Toda Navarra.

23. ¿Con qué norma se inició el proceso de reintegración y amejoramiento del régimen foral de Navarra?

a) Con la Ley de 1 de marzo de 1973.
b) Con la Constitución Española de 1978.
c) Con el Real Decreto de 26 de enero de 1979.
d) Con la Ley Orgánica 13/1982, de 10 de agosto.

24. A los efectos de la LORAFNA, ostentarán la condición política de navarros los españoles que, de acuerdo con las leyes generales del Estado, tengan:

a) La condición civil foral navarra.
b) La condición civil foral o la vecindad administrativa navarra.
c) La condición civil foral y la vecindad administrativa navarra.
d) La vecindad administrativa en cualquiera de los municipios de Navarra.

25. Según el artículo 1 de la Ley Orgánica 13/1982, Navarra constituye una Comunidad Foral:

a) Con instituciones compartidas con el Estado.
b) Solidaria con sus pueblos más desfavorecidos.
c) Integrada en la Unión Europea.
d) Indivisible.

26. No corresponde a la Comunidad Foral, en las materias que son competencia exclusiva de Navarra, una de las siguientes potestades:

a) Legislativa.
b) Reglamentaria.
c) Administrativa, incluida la inspección.
d) Revisora en la vía judicial.

27. En virtud de su régimen foral, la actividad tributaria y financiera de Navarra se regulará por el sistema tradicional de:

a) El Convenio Exclusivo.
b) El Convenio Económico.

c) El Convenio Colectivo.

d) El Acuerdo Económico.

28. En virtud de su régimen foral, corresponde a Navarra la competencia exclusiva sobre:

a) Régimen jurídico de la Diputación Foral.

b) Régimen estatutario de los funcionarios públicos de la Comunidad Foral, respetando los derechos y obligaciones esenciales que la legislación básica del Estado reconozca a los funcionarios públicos.

c) Normas de procedimiento administrativo que se deriven de las especialidades del Derecho sustantivo o de la organización propios de Navarra.

d) Las tres opciones anteriores son ciertas.

29. Dirigirá la Administración del Estado en Navarra y la coordinará, cuando proceda, con la Administración Foral:

a) El Defensor del Pueblo.

b) El Presidente del Gobierno de Navarra.

c) Un delegado nombrado por el Gobierno de Navarra.

d) Un delegado nombrado por el Gobierno de la Nación.

30. La competencia de los órganos jurisdiccionales radicados en Navarra se extiende a todas las instancias y grados en:

a) El orden civil.

b) El orden penal.

c) El orden social.

d) Las tres respuestas anteriores son ciertas.

31. En Navarra existe actualmente:

a) Un Tribunal Supremo.

b) Un Consejo Real.

c) Un Tribunal Superior de Justicia.

d) Las respuestas a) y c) son ciertas.

32. Un Delegado nombrado por el Gobierno de la Nación:

a) Dirigirá la Administración del Estado en Navarra.

b) Dirigirá la Administración Foral de Navarra.

c) Coordinará, cuando proceda, la Administración del Estado con la Administración Foral.

d) Las opciones a) y c) son ciertas.

33. En las materias que sean competencia exclusiva de Navarra, corresponde a la Comunidad Foral la potestad:

a) Administrativa y revisora en la vía administrativa, exclusivamente.
b) Reglamentaria, exclusivamente.
c) De desarrollo legislativo, pero no la legislativa.
d) Legislativa.

34. En defecto de Derecho navarro, en las materias de competencia exclusiva de la Comunidad Foral se aplicará supletoriamente:

a) El Derecho del Estado.
b) El Derecho Comunitario.
c) El Derecho Internacional.
d) Las tres opciones anteriores son ciertas.

35. El régimen estatutario de los funcionarios públicos de la Comunidad Foral de Navarra:

a) Es competencia exclusiva del Estado.
b) Es competencia exclusiva de Navarra, respetando los derechos y obligaciones esenciales que la legislación básica del Estado reconozca a los funcionarios públicos.
c) Es competencia exclusiva de Navarra, respetando todos los derechos y obligaciones que la legislación básica del Estado reconozca a los funcionarios públicos.
d) Es competencia exclusiva de Navarra e independiente de la legislación básica del Estado sobre los funcionarios públicos.

36. En las materias que sean competencia exclusiva de Navarra, corresponde a la Comunidad Foral:

a) La potestad legislativa, pero no la reglamentaria.
b) La potestad de desarrollo legislativo, pero no la legislativa.
c) La potestad reglamentaria, pero no la legislativa.
d) La potestad legislativa.

Solución al test n.º 3

1. c) 10 de agosto de 1982.

2. d) Las respuestas a) y c) son ciertas.

3. b) De la Reforma.

4. c) Una Comunidad Foral.

5. b) 10 de agosto de 1982.

6. b) Los españoles que tengan la vecindad administrativa en cualquiera de los municipios de Navarra.

7. b) Los mismos derechos, libertades y deberes fundamentales que los demás españoles.

8. d) Las tres opciones anteriores son ciertas.

9. a) La unidad constitucional.

10. b) 77.

11. b) De las Instituciones Forales de Navarra.

12. c) Tendrá carácter de lengua oficial en las zonas vascoparlantes de Navarra.

13. b) 1979-1982.

14. a) El castellano es la lengua oficial.

15. b) Pamplona, Estella, Tudela, Sangüesa y Olite.

16. b) Tiene Título Preliminar y 3 Títulos más.

17. c) Sus Disposiciones Generales.

18. c) El artículo 1 de la LORAFNA.

19. d) Las tres opciones anteriores son ciertas.

20. b) Es el siguiente al Título "Competencias y facultades de Navarra".

21. c) Paccionada entre el Estado y Navarra.

22. c) Las zonas vascoparlantes de Navarra.

23. c) Con el Real Decreto de 26 de enero de 1979.

24. d) La vecindad administrativa en cualquiera de los municipios de Navarra.

25. d) Indivisible.

26. d) Revisora en la vía judicial.

27. b) El Convenio Económico.

28. d) Las tres opciones anteriores son ciertas.

29. d) Un delegado nombrado por el Gobierno de la Nación.

30. a) El orden civil.

31. c) Un Tribunal Superior de Justicia.

32. d) Las opciones a) y c) son ciertas.

33 d) Legislativa.

34. a) El Derecho del Estado.

35. b) Es competencia exclusiva de Navarra, respetando los derechos y obligaciones esenciales que la legislación básica del Estado reconozca a los funcionarios públicos.

36. d) La potestad legislativa.

TEST N.º 4

El Parlamento o Cortes de Navarra: composición, organización y funciones. La Cámara de Comptos de Navarra: ámbito de competencia, funciones y órganos. El Defensor del Pueblo de la Comunidad Foral de Navarra: funciones, procedimiento y resoluciones

1. El Parlamento de Navarra:

a) Representa al pueblo navarro.
b) Ejerce la potestad legislativa.
c) Aprueba los Presupuestos y las Cuentas de Navarra.
d) Las tres respuestas anteriores son ciertas.

2. No es función del Parlamento de Navarra:

a) Impulsar y controlar la acción de la Diputación Foral.
b) Designar a los Senadores que correspondan a Navarra como Comunidad Foral.
c) Elaborar los Presupuestos Generales de Navarra.
d) Aprobar los Presupuestos Generales de Navarra.

3. La reforma del Reglamento del Parlamento de Navarra precisa, en la votación final sobre el conjunto del proyecto, el voto favorable de:

a) La mayoría absoluta de los miembros del Gobierno de Navarra.
b) La mayoría simple de los miembros del Gobierno de Navarra.
c) La mayoría absoluta de los miembros del Parlamento.
d) La mayoría simple de los miembros del Parlamento.

4. No es función del Parlamento de Navarra:

a) Establecer su Reglamento.
b) Aprobar sus Presupuestos.
c) Elegir, de entre sus miembros, un Presidente.
d) Ejercer la potestad legislativa delegada y la autorización para refundir textos legales.

5. El Parlamento de Navarra funciona:

a) En Pleno y Cámaras.
b) En Pleno y Mesas.
c) Sólo en Pleno.
d) En Pleno y Comisiones.

6. El Parlamento elegirá, de entre sus miembros:

a) Un Presidente, una Mesa y una Comisión Plenaria.
b) Un Presidente, una Mesa y una Comisión Permanente.
c) Un Presidente, una Mesa Permanente y una Comisión Plenaria.
d) Un Presidente, una Mesa y una Comisión de Letrados.

7. El Parlamento de Navarra se reunirá anualmente en:

a) Dos períodos de sesiones ordinarias, que serán fijados en una Ley Foral.
b) Dos períodos de sesiones ordinarias, que serán fijados en su Reglamento.
c) Tres períodos de sesiones ordinarias, que serán fijados en una Ley Foral.
d) Cuatro períodos de sesiones ordinarias, que serán fijados en su Reglamento.

8. El Parlamento de Navarra podrá reunirse en sesiones extraordinarias que habrán de ser convocadas por su Presidente, a petición de:

a) Un grupo parlamentario.
b) Una sexta parte de los parlamentarios.
c) Una quinta parte de los parlamentarios.
d) La Cámara de Comptos.

9. Corresponde al Parlamento de Navarra:

a) La elaboración de los Presupuestos Generales de Navarra.
b) La formalización de las Cuentas Generales de Navarra.
c) La aprobación de los Presupuestos Generales de Navarra.
d) El ejercicio de la potestad legislativa delegada.

10. El Parlamento de Navarra:

a) Ejerce la función ejecutiva.
b) Ejerce la función ejecutiva y legislativa.
c) Ejerce la función legislativa y judicial.
d) Ejerce la potestad legislativa.

11. La Cámara de Comptos:

a) Depende orgánicamente del Parlamento de Navarra.
b) Depende orgánicamente de la Diputación Foral de Navarra.
c) Depende orgánicamente del Tribunal de Cuentas.
d) Es independiente orgánicamente.

12. El Texto Refundido del Reglamento del Parlamento de Navarra actualmente en vigor fue aprobado en el año:

a) 2001.
b) 2023.
c) 2007.
d) 2011.

13. Las Instituciones Forales de Navarra están recogidas, dentro de la Ley Orgánica 13/1982, en el Título:

a) Segundo.
b) Preliminar.
c) Primero.
d) Tercero.

14. El artículo 10 del Amejoramiento del Fuero afirma que es Institución Foral de Navarra:

a) El Presidente de la Comunidad Foral de Navarra.
b) El Presidente del Parlamento de Navarra.
c) El Presidente de la Cámara de Comptos.
d) El Defensor del Pueblo de la Comunidad Foral de Navarra.

15. Los Presupuestos Generales de Navarra se aprobarán mediante:

a) Orden Foral.
b) Decreto Foral.
c) Ley Foral.
d) Ley Orgánica.

16. Las normas del Parlamento de Navarra:

a) Se aprobarán siempre por mayoría simple.
b) Se aprobarán siempre por mayoría absoluta.
c) Se denominarán Decretos forales.
d) Se denominarán Leyes Forales.

17. Compete al Parlamento de Navarra:

a) La elaboración de los Presupuestos de Navarra.
b) La formalización de las Cuentas de Navarra.
c) La designación de los Senadores que pudieran corresponder a Navarra como Comunidad Foral.
d) El ejercicio de la potestad legislativa delegada.

18. La votación final sobre el conjunto del proyecto de reforma del Reglamento del Parlamento de Navarra precisa el voto favorable de:

a) La mayoría simple de los miembros del Parlamento.
b) La mayoría simple de los asistentes al Parlamento.
c) La mayoría absoluta de los miembros del Parlamento.
d) La mayoría absoluta de los asistentes al Parlamento.

19. Entre las Instituciones Forales de Navarra enumeradas en el art. 10 de la LORAFNA, está:

a) El Consejo de Navarra.
b) El Defensor del Pueblo de la Comunidad Foral.
c) La Cámara de Comptos.
d) El Presidente de la Comunidad Foral de Navarra.

20. El Defensor del Pueblo de la Comunidad Foral de Navarra:

a) Presentará al Gobierno de Navarra un Informe anual sobre gestión realizada.
b) Es alto comisionado del Gobierno de Navarra.
c) Es designado por el Defensor del Pueblo de la Nación.
d) Podrá estar auxiliado por un Adjunto.

21. Crea y regula la institución del Defensor del Pueblo de la Comunidad Foral de Navarra:

a) La Ley Foral 4/2000, de 3 de julio.
a) La Ley Foral 8/1999, de 16 de marzo.
c) La Ley Orgánica 13/1982, de 10 de agosto.
d) La Ley Foral 19/1984, de 20 de diciembre.

22. La Cámara de Comptos tiene como función propia:

a) Controlar las cuentas y la gestión económica del sector público de Navarra.
b) Asesorar a los ciudadanos en materias económico-financieras.
c) Controlar las cuentas del sector privado de Navarra.
d) Controlar la acción del Gobierno de Navarra.

23. De acuerdo con la Ley Foral 4/2000, cuenta como función primordial la de salvaguardar a los ciudadanos y ciudadanas frente a los posibles abusos y negligencias de la Administración:

a) La Cámara de Comptos.
b) El Tribunal Superior de Justicia de Navarra.
c) El Parlamento de Navarra.
d) El Defensor del Pueblo de la Comunidad Foral de Navarra.

24. La Cámara de Comptos propiamente es un órgano:

a) Legislativo.
b) Fiscalizador.
c) Ejecutivo.
d) Las opciones a) y b) son ciertas.

25. Dentro de los órganos de la Cámara de Comptos no se encuentra a:

a) Los Auditores.
b) Los Consejeros forales.
c) La Secretaría General.
d) El Presidente.

26. Tiene como función propia asesorar al Parlamento de Navarra en materias económico-financieras:

a) El Consejo de Navarra.
b) El Tribunal de Cuentas.
c) El Gobierno de Navarra.
d) La Cámara de Comptos

27. La Cámara de Comptos de Navarra es:

a) Un órgano técnico dependiente del Parlamento de Navarra.
b) El órgano fiscalizador de la gestión económica y financiera del sector público de la Comunidad Foral.
c) El órgano que aprueba los Presupuestos del Parlamento de Navarra.
d) Las opciones a) y b) son ciertas.

28. La Cámara de Comptos tendrá como funciones propias:

a) Controlar las cuentas y la gestión económica del sector público de Navarra.
b) Controlar al Gobierno de Navarra y asesorar en materias económicas a su Presidente.
c) Asesorar al Parlamento en materias económico-financieras.
d) Las opciones a) y c) son ciertas.

29. La Cámara de Comptos tiene como función propia:

a) Asesorar al Gobierno de Navarra en materias económico-financieras.
b) Controlar las cuentas del sector público de Navarra.
c) Controlar la gestión económica del sector privado de Navarra.
d) Las opciones a) y b) son ciertas.

30. La Cámara de Comptos:

a) Estará facultada para exigir, en el ejercicio de las funciones de control y fiscalización, de cuantos Organismos y Entidades integren el sector público navarro, los datos necesarios para el desarrollo de sus funciones.
b) Estará facultada, en el ejercicio de las funciones de control y fiscalización, para inspeccionar y comprobar toda la documentación de las oficinas públicas, en cuanto estimase necesario para el desarrollo de sus funciones.
c) Estará facultada, en el ejercicio de su función fiscalizadora, para proponer y recomendar las medidas que considere oportuno adoptar para la mejora del control del sector público de la Comunidad Foral.
d) Las tres opciones anteriores son ciertas.

31. Podrá dirigirse al Defensor del Pueblo de la Comunidad Foral de Navarra:

a) Toda persona natural que invoque un interés legítimo y goce de la condición política navarra.
b) Toda persona natural que invoque un interés legítimo, sea mayor de edad y tenga capacidad legal.
c) Toda persona natural que invoque un interés legítimo, sea mayor de edad y no tenga relación especial de sujeción o dependencia de una Administración o poder público.
d) Toda persona, natural o jurídica, que invoque un interés legítimo, sin restricción alguna.

32. Cuando el Defensor del Pueblo de la Comunidad Foral de Navarra, en razón del ejercicio de las funciones propias de su cargo, tenga conocimiento de una conducta o hechos presuntamente delictivos, lo pondrá en inmediato conocimiento:

a) Del Presidente del Parlamento de Navarra.
c) De la Presidenta o Presidente del Gobierno de Navarra.
d) Del Presidente del Tribunal Superior de Justicia de Navarra.
d) Del Ministerio Fiscal.

33. ¿Están obligados los poderes públicos y organismos de la Comunidad Foral a auxiliar al Defensor del Pueblo de la Comunidad Foral de Navarra en sus investigaciones e inspecciones?

a) No.
b) No, salvo en algunas excepciones.

c) Sí, con carácter preferente y urgente.

d) Sí, pero no con carácter urgente.

34. ¿El Defensor del Pueblo de Navarra puede llegar a imponer multas coercitivas a Administraciones o entidades que, en el ejercicio de sus funciones, no remitan la documentación requerida por él, aunque hayan sido apercibidas para que lo hagan en el plazo de diez días?

a) No.

b) Sí, de 3.000 euros.

c) Sí, de 1.500 euros.

d) Sí, de 1.000 euros.

35. Admitida una queja por el Defensor del Pueblo de la Comunidad Foral de Navarra y tras promover la oportuna investigación sumaria e informal para el esclarecimiento de los supuestos de la misma, ¿en qué plazo dará cuenta del contenido sustancial de la solicitud al organismo o a la dependencia administrativa procedente, con el fin de que por su jefe o un superior, se remita informe escrito, declaración o documentación?

a) 10 días.

b) 15 días.

c) 20 días.

d) Un mes.

36. De acuerdo con la Ley Foral de la Cámara de Comptos de Navarra, ¿qué tipo de control tendrá como finalidad determinar el grado en que se hayan conseguido los objetivos previstos, analizando las posibles desviaciones que se hayan podido producir y las causas que las originen?

a) El de economía.

b) El de eficiencia.

c) El de eficacia.

d) El de legalidad.

37. El Presidente de la Cámara de Comptos será nombrado:

a) Por el Gobierno de Navarra por un período de cuatro años.

b) Por el Gobierno de Navarra por un período de cinco años.

c) Por el Parlamento de Navarra por un período de cinco años.

d) Por el Parlamento de Navarra por un período de seis años.

38. ¿Cuál de las siguientes funciones es, previa audiencia de los Auditores, del Presidente de la Cámara de Comptos?

a) Realizar el control de las cuentas y la gestión económica del sector público de la Comunidad Foral.

b) Elaborar el presupuesto anual de la Cámara.

c) Aprobar el programa anual de fiscalización a desarrollar por la Cámara.

d) Presentar al Parlamento la memoria anual de las actividades de la Cámara.

39. Es falso que, entre los órganos de la Cámara de Comptos, esté/n:

a) Los Auditores.

b) Los Consejeros forales.

c) La Secretaría General.

d) El Presidente.

Solución al test n.º 4

1. d) Las tres respuestas anteriores son ciertas.

2. c) Elaborar los Presupuestos Generales de Navarra.

3. c) La mayoría absoluta de los miembros del Parlamento.

4. d) Ejercer la potestad legislativa delegada y de la autorización para refundir textos legales.

5. d) En Pleno y Comisiones.

6. b) Un Presidente, una Mesa y una Comisión Permanente.

7. b) Dos períodos de sesiones ordinarias, que serán fijados en su Reglamento.

8. c) Una quinta parte de los parlamentarios.

9. c) La aprobación de los Presupuestos Generales de Navarra.

10. d) Ejerce la potestad legislativa.

11. a) Que depende orgánicamente del Parlamento de Navarra.

12. b) 2023.

13. c) Primero.

14. a) El Presidente de la Comunidad Foral de Navarra.

15. c) Ley Foral.

16. d) Se denominarán Leyes Forales.

17. c) La designación de los Senadores que pudieran corresponder a Navarra como Comunidad Foral.

18. c) La mayoría absoluta de los miembros del Parlamento.

19. a) El Presidente de la Comunidad Foral de Navarra.

20. d) Podrá estar auxiliado por un Adjunto.

21. a) La Ley Foral 4/2000, de 3 de julio.

22. a) Controlar las cuentas y la gestión económica del sector público de Navarra.

23. d) El Defensor del Pueblo de la Comunidad Foral de Navarra.

24. b) Fiscalizador.

25. b) Los Consejeros forales.

26. d) La Cámara de Comptos.

27. d) Las opciones a) y b) son ciertas.

28. d) Las opciones a) y c) son ciertas.

29. b) Controlar las cuentas del sector público de Navarra.

30. d) Las tres opciones anteriores son ciertas.

31. d) Toda persona, natural o jurídica, que invoque un interés legítimo, sin restricción alguna.

32. d) Del Ministerio Fiscal.

33. c) Sí, con carácter preferente y urgente.

34. c) Sí, de 1.500 euros.

35. b) 15 días.

36. c) El de eficacia.

37. d) Por el Parlamento de Navarra por un período de seis años.

38. c) Aprobar el programa anual de fiscalización a desarrollar por la Cámara.

39. b) Los Consejeros forales.

TEST N.º 5

El Gobierno de Navarra: Funciones. Composición, nombramiento, constitución y cese. Atribuciones y competencias. Funcionamiento. Órganos de asistencia y apoyo. Responsabilidad política, control parlamentario y disolución del Parlamento. La presidenta o presidente del Gobierno de Navarra. Las vicepresidentas o vicepresidentes y las consejeras o consejeros del Gobierno de Navarra

1. Corresponde a la Presidenta o Presidente del Gobierno de Navarra ostentar:

a) La más alta representación de la Comunidad Foral.
b) La más alta representación del Estado en Navarra.
c) La representación ordinaria del Estado en Navarra.
d) Las opciones a) y c) son ciertas.

2. El Presidente del Gobierno de Navarra puede designar a:

a) Uno o varios Vicepresidentes, sean o no Consejeros.
b) Uno o varios Vicepresidentes, de entre los Consejeros.
c) Un máximo de dos Vicepresidentes, de entre los Consejeros.
d) Un máximo de tres Vicepresidentes, de entre los Consejeros.

3. Cuando cese el Gobierno de Navarra, continuará en funciones hasta la toma de posesión del nuevo Gobierno, pudiendo:

a) Ejercer la iniciativa legislativa, en cualquier caso.
b) Ejercer las delegaciones legislativas otorgadas por el Parlamento de Navarra, con excepción de las referentes a los Decretos Forales Legislativos de armonización tributaria.
c) Ejercer las delegaciones legislativas otorgadas por el Parlamento de Navarra referentes a los Decretos Forales Legislativos de armonización tributaria.
d) Ejercer cualesquier delegaciones legislativas otorgadas por el Parlamento de Navarra.

4. Corresponde defender la integridad del régimen foral de Navarra:

a) Al Gobierno de Navarra.
b) Al Presidente de la Comunidad Foral de Navarra.
c) A la Cámara de Comptos.
d) A la Comisión de Coordinación.

5. Corresponde elaborar los Presupuestos Generales de Navarra:

a) Al Parlamento de Navarra.
b) Al Gobierno de Navarra.
c) Al Presidente del Gobierno de Navarra.
d) A la Cámara de Comptos.

6. ¿Puede la Presidenta o Presidente de la Comunidad Foral de Navarra acordar la disolución del Parlamento de Navarra con anticipación al término natural de la legislatura?

a) No, en ningún caso.
b) Sí, en cualquier caso.
c) Sí, con la única salvedad de que se encuentre en tramitación una moción de censura.
d) Sí, bajo su exclusiva responsabilidad y previa deliberación del Gobierno de Navarra, salvo en determinados casos.

7. El Gobierno de Navarra precisa de la previa autorización del Parlamento de Navarra para:

a) Aprobar los proyectos de Ley.
b) Emitir Deuda Pública.
c) Nombrar a los altos cargos de la Administración de la Comunidad Foral.
d) Aprobar los proyectos de Presupuestos Generales de Navarra.

8. El Gobierno de Navarra:

a) Ejerce la potestad reglamentaria.
b) Aprueba las Leyes Forales.
c) Fiscaliza la gestión económica y financiera del sector público de la Comunidad Foral.
d) Dirige la Administración del Estado en Navarra.

9. La Presidenta o Presidente de la Comunidad Foral de Navarra, una vez elegido, es nombrado por:

a) El Delegado del Gobierno de la Nación.
b) El Parlamento de Navarra.
c) El Presidente del Parlamento de Navarra.
d) El Rey.

10. La Presidenta o Presidente de la Comunidad Foral de Navarra será elegido por:

a) El Rey.
b) El Parlamento de Navarra, de entre sus miembros.
c) El Parlamento de Navarra, de entre sus miembros o no.
d) El pueblo navarro, en las elecciones al Parlamento de Navarra.

11. Ostenta la más alta representación de la Comunidad Foral:

a) El Presidente del Parlamento de Navarra.
b) El Defensor del Pueblo de la Comunidad Foral de Navarra.
c) El Presidente de la Comunidad Foral de Navarra.
d) El Presidente del Gobierno nacional.

12. La Presidenta o Presidente de la Comunidad Foral:

a) Nombra y cesa a las Consejeras o Consejeros.
c) Nombra y cesa a los Parlamentarios forales.
b) Nombra y cesa al Presidente del Parlamento de Navarra.
d) Nombra y cesa a los Senadores que pudieran corresponder a Navarra como Comunidad Foral.

13. Para resultar investido, el candidato a Presidente de la Comunidad Foral de Navarra deberá obtener, en la votación inicial de los miembros del Parlamento:

a) Mayoría simple.
b) Mayoría absoluta.
c) Mayoría de dos tercios.
d) Mayoría de tres quintos.

14. El Presidente de la Comunidad Foral de Navarra ostenta:

a) La dirección de la Administración del Estado en Navarra.
b) La representación de la Comunidad Foral de Navarra, en sustitución del Presidente del Parlamento de Navarra.
c) La más alta representación de la Comunidad Foral y la coordinación de la Administración del Estado con la Administración Foral.
d) La más alta representación de la Comunidad Foral y la ordinaria del Estado en Navarra.

15. La segunda votación para la elección de Presidente de la Comunidad Foral de Navarra:

a) Se realizará 48 horas después de la primera.
b) Requerirá mayoría absoluta para el otorgamiento de la confianza al candidato.

c) Requerirá mayoría simple para el otorgamiento de la confianza al candidato.
d) Las opciones a) y c) son ciertas.

16. El Presidente de la Comunidad Foral de Navarra:

a) Designa y separa a los Diputados forales.
b) Dirige la acción del Parlamento de Navarra.
c) Designa y separa a los Parlamentarios forales.
d) Dirige la acción del Gobierno y del Parlamento de Navarra.

17. El Presidente y los Diputados forales:

a) Nunca responden directamente ante el Parlamento de su gestión política.
b) Responden sólo de forma solidaria ante el Parlamento de su gestión política.
c) Responden sólo de forma directa ante el Parlamento de su gestión política.
d) Responden solidariamente ante el Parlamento de su gestión política.

18. Cuando el Presidente de la Comunidad Foral de Navarra plantee ante el Parlamento de Navarra la cuestión de confianza sobre su programa de actuación, la confianza se entenderá otorgada cuando vote a favor de la misma, como mínimo:

a) La quinta parte del número de miembros del Parlamento.
b) La cuarta parte del número de miembros del Parlamento.
c) La mayoría simple de los parlamentarios forales.
d) La mayoría absoluta de los parlamentarios forales.

19. La moción de censura al Gobierno de Navarra:

a) Se aprueba por mayoría simple.
b) Se aprueba por mayoría absoluta.
c) Una vez aprobada, implica la celebración de nuevas elecciones.
d) Las opciones b) y c) son ciertas.

20. Responden solidariamente ante el Parlamento de Navarra de su gestión política, sin perjuicio de la responsabilidad directa en su gestión:

a) Sólo los parlamentarios forales.
b) El Presidente del Parlamento de Navarra y el Presidente de la Comunidad Foral de Navarra.
c) El Presidente de la Comunidad Foral de Navarra y los Diputados forales.
d) Sólo los Diputados forales.

21. Si el Parlamento de Navarra aprueba una moción de censura a la Diputación:

a) El Presidente de la Diputación tendrá la facultad de dimitir o no.
b) A continuación, el Presidente de la Diputación podrá plantear al Parlamento de Navarra una cuestión de confianza para ver si se ratifica en su postura.

c) El Presidente de la Diputación presentará inmediatamente su dimisión.
d) Ninguna de las opciones anteriores es cierta.

22. Los Decretos Forales Legislativos son:

a) Normas del Parlamento de Navarra.
b) Normas con rango de Ley Foral.
c) Normas con rango inferior al de la Leyes Forales pero superior al de los Reglamentos.
d) Normas de rango reglamentario.

23. Es cierto, en relación a Vicepresidente/s o Vicepresidenta/s del Gobierno de Navarra, que:

a) La Presidenta o Presidente del Gobierno de Navarra puede nombrar a uno/a, o a varios/as.
b) Sustituirá/n y suplirá/n a la Presidenta o Presidente del Gobierno de Navarra, por su orden, en casos de ausencia, enfermedad o impedimento permanente para el ejercicio de su cargo.
c) Su estatuto personal y su cese se rigen por lo que disponen dos Capítulos Título II de la Ley Foral 11/2019.
d) Carece/n de régimen de incompatibilidades.

24. Es falso que, entre las causas para el cese de Consejeras o Consejeros del Gobierno de Navarra, esté:

a) Separación de su cargo, decidida libremente por la Presidenta o Presidente del Parlamento de Navarra.
b) Cese de la Presidenta o Presidente del Gobierno.
c) Sentencia judicial firme de incapacitación.
d) Sentencia judicial firme que lleve aparejada la inhabilitación para el ejercicio de su cargo.

25. En falso decir, en relación a las Consejeras o Consejeros del Gobierno de Navarra, que:

a) Su suplencia se determinará por la Presidenta o Presidente del Gobierno de Navarra, mediante Decreto Foral Legislativo.
b) Sólo pueden ser suplidas o suplidos, en los casos determinados por la Ley Foral 14/2004, por otras Consejeras o Consejeros.
c) Al cesar en su cargo, tienen derecho a las indemnizaciones que se determinen, con sus correspondientes incompatibilidades.
d) Su responsabilidad criminal será exigible, en su caso, ante la correspondiente Sala del Tribunal Supremo.

26. El Gobierno de Navarra:

a) Para el ejercicio de sus funciones, se reunirá periódicamente, previa convocatoria de su Presidenta o Presidente, a la que se acompañará el orden del día de la sesión.

b) Para el ejercicio de sus funciones, se reunirá periódicamente, previa convocatoria de su Presidenta o Presidente, sin necesidad de remitir orden del día.

c) Para el ejercicio de sus funciones, se reunirá periódicamente, sin necesidad de previa convocatoria de su Presidenta o Presidente.

d) Podrá reunirse por decisión de la Presidenta o Presidente o cuando existan causas urgentes, remitiendo el orden del día de la sesión.

Solución al test n.º 5

1. d) Las opciones a) y c) son ciertas.

2. b) Uno o varios Vicepresidentes, de entre los Consejeros.

3. c) Ejercer las delegaciones legislativas otorgadas por el Parlamento de Navarra referentes a los Decretos Forales Legislativos de armonización tributaria.

4. a) Al Gobierno de Navarra.

5. b) Al Gobierno de Navarra.

6. d) Sí, bajo su exclusiva responsabilidad y previa deliberación del Gobierno de Navarra, salvo en determinados casos.

7. b) Emitir Deuda Pública.

8. a) Ejerce la potestad reglamentaria.

9. d) El Rey.

10. b) El Parlamento de Navarra, de entre sus miembros.

11. c) El Presidente de la Comunidad Foral de Navarra.

12. a) Nombra y cesa a las Consejeras o Consejeros.

13. b) Mayoría absoluta.

14. d) La más alta representación de la Comunidad Foral y la ordinaria del Estado en Navarra.

15. c) Requerirá mayoría simple para el otorgamiento de la confianza al candidato.

16. a) Designa y separa a los Diputados forales.

17. d) Responden solidariamente ante el Parlamento de su gestión política.

18. c) La mayoría simple de los parlamentarios forales.

19. b) Se aprueba por mayoría absoluta.

20. c) El Presidente de la Comunidad Foral de Navarra y los Diputados forales.

21. c) El Presidente de la Diputación presentará inmediatamente su dimisión.

22. b) Normas con rango de Ley Foral.

23. a) La Presidenta o Presidente del Gobierno de Navarra puede nombrar a uno/a, o a varios/as.

24. a) Separación de su cargo, decidida libremente por la Presidenta o Presidente del Parlamento de Navarra.

25. a) Su suplencia se determinará por la Presidenta o Presidente del Gobierno de Navarra, mediante Decreto Foral Legislativo.

26. a) Para el ejercicio de sus funciones, se reunirá periódicamente, previa convocatoria de su Presidenta o Presidente, a la que se acompañará el orden del día de la sesión.

TEST N.º 6

**Las Fuentes del Derecho: la jerarquía de las fuentes. La Ley.
Las disposiciones del ejecutivo con rango de ley. La iniciativa
legislativa y potestad para dictar normas con rango de ley.
El reglamento: concepto, clases y límites. La potestad reglamentaria
del Gobierno**

1. Señala cuál de las siguientes es una fuente indirecta de nuestro Derecho Administrativo:

a) Los Reglamentos.
b) La Jurisprudencia.
c) Los Principios Generales del Derecho.
d) La Costumbre.

2. ¿Qué tipo de fuente del Derecho Administrativo son los Reglamentos del Presidente del Gobierno?

a) Directa.
b) Indirecta.
c) Directa subsidiaria.
d) No son fuente de nuestro Derecho Administrativo.

3. ¿A quién atribuye la Constitución Española la titularidad de la potestad legislativa?

a) Únicamente al Estado.
b) A las Cortes Generales exclusivamente.
c) Al Estado y las Comunidades Autónomas.
d) Al Estado, a las Comunidades Autónomas y a las Corporaciones Locales.

4. ¿A quién atribuye el art. 91 de la Carta Magna la potestad para ordenar la inmediata publicación de las leyes aprobadas por las Cortes Generales?

a) Al Rey.
b) Al Presidente del Gobierno.

c) Al Presidente del Congreso de los Diputados.
d) Al Presidente de la Mesa de la Cámara Baja.

5. ¿Cómo se denominan las leyes por las que las Cortes Generales, en materia de competencia estatal, pueden atribuir a todas o a alguna de las Comunidades Autónomas la facultad de dictar, para sí mismas, normas legislativas en el marco de los principios, bases y directrices fijados por una ley estatal?

a) Leyes orgánicas.
b) Leyes ordinarias.
c) Leyes marco.
d) Leyes de armonización.

6. ¿En qué plazo sancionará el Rey las leyes aprobadas por las Cortes Generales?

a) Un mes.
b) Veinte días.
c) Quince días.
d) Diez días.

7. ¿Qué órgano de los siguientes promulga las leyes?

a) El Rey.
b) El Presidente del Gobierno.
c) Las Cortes Generales.
d) El Presidente del Congreso.

8. ¿Qué son los decretos legislativos?

a) Disposiciones del Gobierno sobre derechos y deberes fundamentales.
b) Disposiciones de las cortes que contienen delegación legislativa.
c) Disposiciones del Poder Judicial que contienen delegación legislativa.
d) Disposiciones del Gobierno que contienen legislación delegada.

9. En caso de extraordinaria y urgente necesidad, ¿qué disposición legislativa provisional podrá dictar el Gobierno?

a) Decreto Legislativo.
b) Ley de Bases.
c) Ley Orgánica.
d) Decreto-Ley.

10. Los Decretos-Leyes deberán de ser inmediatamente sometidos a debate y votación de totalidad:

a) Al Senado.
b) Al Gobierno.

c) Al Congreso de los Diputados.
d) Todas las anteriores son correctas.

11. Cuando las Asambleas de las CC AA remitan a la Mesa del Congreso una proposición de ley, delegarán ante dicha cámara para su defensa:

a) Un máximo de 2 miembros de la Asamblea.
b) Un máximo de 3 miembros de la Asamblea.
c) Un máximo de 4 miembros de la Asamblea.
d) Un máximo de 5 miembros de la Asamblea.

12. ¿Qué ley regulará las formas de ejercicio y requisitos de la iniciativa popular para la presentación de las proposiciones de ley?

a) Una Ley de Bases.
b) Una Ley ordinaria.
c) Una Ley Orgánica.
d) Todas son correctas.

13. En caso de iniciativa legislativa popular, el número de firmas necesarias será de:

a) 250.000 firmas acreditadas.
b) 500.000 firmas acreditadas.
c) 1.000.000 firmas acreditadas.
d) 1.250.000 firmas acreditadas.

14. No procederá la iniciativa legislativa popular en materias:

a) Propias de ley orgánica.
b) Tributarias o internacionales.
c) En lo relativo a la prerrogativa de gracia.
d) Todas las anteriores son correctas.

15. ¿De qué plazo dispone el Senado para, mediante mensaje motivado, oponer su veto o introducir enmiendas a un proyecto de ley ordinaria u orgánica?

a) Veinte días, a partir del día de la recepción del texto.
b) Un mes, a partir del día de la recepción del texto.
c) Dos meses, a partir del día de la recepción del texto.
d) Tres meses, a partir del día de la recepción del texto.

16. El plazo ordinario de que el Senado dispone para vetar o enmendar el proyecto se reducirá en los proyectos declarados urgentes por el Gobierno o por el Congreso de los Diputados a:

a) Veinte días hábiles.
b) Veinte días naturales.

c) Quince días naturales.
d) Quince días hábiles.

17. El art. 129 de la Ley 39/2015, de 1 de octubre, del Procedimiento Administrativo Común de las Administraciones Públicas dispone que en el ejercicio de la iniciativa legislativa y la potestad reglamentaria, las Administraciones Públicas actuarán de acuerdo con los principios de:

a) Legalidad, necesidad, eficacia, eficiencia, transparencia, e igualdad.
b) Legalidad, objetividad, necesidad, eficacia y eficiencia.
c) Necesidad, transparencia, objetividad, proporcionalidad, y eficacia.
d) Necesidad, eficacia, proporcionalidad, seguridad jurídica, transparencia, y eficiencia.

18. ¿En virtud de qué principio, la iniciativa normativa debe evitar cargas administrativas innecesarias o accesorias y racionalizar, en su aplicación, la gestión de los recursos públicos?

a) En aplicación del principio de eficiencia.
b) En aplicación del principio de transparencia.
c) En aplicación del principio de proporcionalidad.
d) En aplicación del principio de necesidad.

19. ¿En virtud de qué principio o principios, la iniciativa normativa debe estar justificada por una razón de interés general, basarse en una identificación clara de los fines perseguidos y ser el instrumento más adecuado para garantizar su consecución?

a) En virtud de los principios de necesidad y eficacia.
b) En virtud de los principios de objetividad y proporcionalidad.
c) En virtud de los principios de seguridad y necesidad.
d) En virtud de los principios de transparencia y eficiencia.

20. Por la relación existente entre los reglamentos y la ley, GARRIDO FALLA y ENTRENA CUESTA, clasifican los Reglamentos en:

a) Dependientes o independientes.
b) Ejecutivos e Independientes.
c) Internos y externos.
d) Estatales, autonómicos, locales e institucionales.

21. Como consecuencia del principio de reserva de ley, la Administración no podrá, por vía reglamentaria:

a) Establecer y exigir prestaciones personales obligatorias.
b) Establecer ni imponer penas.

c) Establecer tributos.

d) Todas las respuestas son correctas.

22. La fase de recogida de firmas de la iniciativa popular deberá hacerse en el plazo de:

a) Seis meses, prorrogable por otros dos meses más.

b) Seis meses improrrogables.

c) Nueve meses, prorrogable por otros tres meses más.

d) Nueve meses improrrogables.

23. Señala cuál de las siguientes no es una fuente directa del Derecho Administrativo:

a) Los Decretos-Leyes.

b) Los Principios Generales del Derecho.

c) Los Reglamentos del Presidente del Gobierno.

d) La Constitución.

24. El artículo 1.6.º del Código Civil establece que la jurisprudencia complementará el ordenamiento jurídico con la doctrina que, de modo reiterado, establezca:

a) El Tribunal Constitucional.

b) La Audiencia Nacional.

c) El Tribunal Supremo.

d) Los Tribunales Superiores de Justicia.

25. ¿Quiénes son en España, tras la Constitución, los titulares de la potestad legislativa?

a) El Estado.

b) Las Comunidades Autónomas.

c) Las Corporaciones Locales.

d) Las respuestas a) y b) son correctas.

26. Las Asambleas de las Comunidades Autónomas podrán solicitar del Gobierno la adopción de un proyecto de ley o remitir a la Mesa del Congreso una proposición de ley, delegando ante dicha Cámara:

a) Un máximo de dos miembros de la Asamblea encargados de su defensa.

b) Un máximo de tres miembros de la Asamblea encargados de su defensa.

c) Un máximo de cinco miembros de la Asamblea encargados de su defensa.

d) Un máximo de siete miembros de la Asamblea encargados de su defensa.

27. Una Ley Orgánica regulará las formas de ejercicio y requisitos de la iniciativa popular para la presentación de proposiciones de ley. En todo caso se exigirán no menos de:

a) 50.000 firmas acreditadas.
b) 100.000 firmas acreditadas.
c) 250.000 firmas acreditadas.
d) 500.000 firmas acreditadas.

28. ¿En qué materias no procede la iniciativa popular para la presentación de proposiciones de ley?

a) En materias tributarias.
b) En materias propias de ley orgánica.
c) En materias de carácter internacional.
d) Todas las respuestas son correctas.

29. ¿A quién corresponde elevar al Consejo de Ministros el Plan Anual Normativo para su aprobación?

a) Al Presidente del Gobierno.
b) Al Ministro de la Presidencia, Justicia y Relaciones con las Cortes.
c) Al Ministro del Interior.
d) Al Vicepresidente del Gobierno.

30. El/la Ministro/a competente elevará el Plan al Consejo de Ministros para su aprobación antes de:

a) El 30 de abril.
b) El 1 de mayo.
c) El 30 de junio.
d) El 31 de diciembre.

31. Conforme dispone el artículo 86 de la CE, en caso de extraordinaria y urgente necesidad, el Gobierno podrá dictar disposiciones legislativas provisionales que tomarán la forma de:

a) Leyes Orgánicas.
b) Decretos–Leyes.
c) Decretos Legislativos.
d) Reglamentos.

32. Los Decretos–Leyes deberán ser inmediatamente sometidos a debate y votación de totalidad al Congreso de los Diputados, convocado al efecto si no estuviere reunido, en el plazo de:

a) Los treinta días siguientes a su promulgación.
b) Los veinte días siguientes a su promulgación.
c) Los quince días siguientes a su promulgación.
d) Los diez días siguientes a su promulgación.

33. Las disposiciones del Gobierno que contengan legislación delegada recibirán el título de:

a) Leyes Orgánicas.
b) Decretos–Leyes.
c) Decretos Legislativos.
d) Reglamentos.

34. Los Juzgados y Tribunales del orden contencioso-administrativo conocerán:

a) De las pretensiones que se deduzcan en relación con la actuación de las Administraciones Públicas sujeta al Derecho Administrativo.
b) Con las disposiciones generales de rango inferior a la ley.
c) Con los Decretos Legislativos cuando excedan los límites de la delegación.
d) Todas las respuestas son correctas.

35. Señala la respuesta incorrecta respecto al Reglamento:

a) El Reglamento consiste en un acto normativo dictado por la Administración en virtud de su competencia propia.
b) El Reglamento es toda disposición jurídica de carácter general dictada por la Administración Pública y con valor subordinado a la ley.
c) Por su contenido, son normas de Derecho subjetivo, de rango inferior al de las leyes.
d) Por su procedencia, al emanar de la Administración, están sometidos al principio de legalidad y son susceptibles, en su caso, de ser fiscalizados por la Jurisdicción Contencioso-Administrativa.

36. ¿En virtud de qué principio, la iniciativa normativa debe evitar cargas administrativas innecesarias o accesorias y racionalizar, en su aplicación, la gestión de los recursos públicos?

a) En aplicación del principio de transparencia.
b) En aplicación del principio de eficacia.
c) En aplicación del principio de eficiencia.
d) En aplicación del principio de seguridad jurídica.

37. Por la relación existente entre los Reglamentos y la ley, cabe distinguir entre:

a) Reglamentos Ejecutivos y Reglamentos Independientes.
b) Reglamentos Normativos y Reglamentos Legislativos.
c) Reglamentos Simples y Reglamentos Complejos.
d) Reglamentos Internos y Reglamentos Externos.

38. Como consecuencia del principio de reserva de ley, la Administración no podrá, por vía reglamentaria:

a) Establecer ni imponer penas.
b) Establecer tributos ni otro tipo de exacciones, tasas, cánones, derechos de propaganda, ni otras cargas similares.
c) Establecer y exigir prestaciones personales obligatorias.
d) Todas las respuestas anteriores son correctas.

39. ¿En virtud de qué principio las Administraciones Públicas posibilitarán el acceso sencillo, universal y actualizado a la normativa en vigor y los documentos propios de su proceso de elaboración, en los términos establecidos en el artículo 7 de la Ley 19/2013, de 9 de diciembre, de Transparencia, acceso a la Información Pública y Buen Gobierno?

a) En aplicación del principio de transparencia.
b) En aplicación del principio de eficacia.
c) En aplicación del principio de eficiencia.
d) En aplicación del principio de seguridad jurídica.

40. Las Administraciones Públicas, en el ámbito de sus competencias, publicarán:

a) Los documentos que, conforme a la legislación sectorial vigente, deban ser sometidos a un período de información pública durante su tramitación.
b) Las directrices, instrucciones, acuerdos, circulares o respuestas a consultas planteadas por los particulares u otros órganos en la medida en que supongan una interpretación del Derecho o tengan efectos jurídicos.
c) Los Anteproyectos de Ley y los proyectos de Decretos Legislativos cuya iniciativa les corresponda, cuando se soliciten los dictámenes a los órganos consultivos correspondientes.
d) Todas las respuestas anteriores son correctas.

41. ¿Con qué periodicidad, las Administraciones Públicas harán público un Plan Normativo que contendrá las iniciativas legales o reglamentarias que vayan a ser elevadas para su aprobación en el año siguiente?

a) Anualmente.
b) Semestralmente.

c) Trimestralmente.
d) Mensualmente.

42. Por razón del sujeto que los dicta, los Reglamentos podrán ser:

a) Públicos y privados.
b) Únicos y múltiples.
c) Estatales, autonómicos, locales e institucionales.
d) Políticos e institucionales.

43. ¿Cómo se denominan los Reglamentos dictados por las Autoridades administrativas en caso de emergencia?

a) Reglamentos excepcionales.
b) Reglamentos de necesidad.
c) Reglamentos *contra legem*.
d) Las respuestas b) y c) son correctas.

44. Los Reglamentos tienen el límite formal de que han de ser elaborados siguiendo el procedimiento establecido al respecto, so pena de:

a) Anulabilidad.
b) Nulidad.
c) Ilegitimidad.
d) Irregularidad.

45. ¿Cómo se denominan los Reglamentos que agotan su eficacia en el ámbito de la propia Administración, sin que regulen o repercutan en relaciones entre esta y los particulares o entre los Entes Públicos?

a) Internos.
b) Propios.
c) Simples.
d) Únicos.

46. El Código Penal, aprobado por la Ley Orgánica 10/1995, de 23 de noviembre, establece en su artículo 506 que la autoridad o funcionario público que, careciendo de atribuciones para ello, dictare una disposición general o suspendiere su ejecución, será castigado con la pena de:

a) Multa de seis a doce meses.
b) Prisión de uno a tres años.
c) Multa de seis a doce meses e inhabilitación especial para empleo o cargo público por tiempo de seis a doce años.
d) Prisión de uno a tres años, multa de seis a doce meses e inhabilitación especial para empleo o cargo público por tiempo de seis a doce años.

47. Indica cuál de las siguientes es una fuente indirecta del Derecho Administrativo:

a) La costumbre.
b) Los Reglamentos.
c) Los Tratados Internacionales.
d) Las leyes ordinarias.

48. ¿De qué plazo dispone el Rey para sancionar las leyes aprobadas por las Cortes Generales?

a) De un mes.
b) De veinte días.
c) De quince días.
d) De siete días.

49. ¿A quién corresponde la sanción y promulgación de las leyes de las Comunidades Autónomas?

a) Al Rey.
b) Al Presidente de cada una de ellas, en nombre de la Comunidad.
c) Al Presidente de cada una de ellas, en nombre del Rey.
d) Al Presidente del Parlamento Autonómico.

50. A tenor del artículo 81.1.º CE, son Leyes Orgánicas:

a) Las que regulen el régimen electoral general.
b) Las relativas al desarrollo de los derechos fundamentales y de las libertades públicas.
c) Las que aprueben los Estatutos de Autonomía.
d) Todas las respuestas son correctas.

Solución al test n.º 6

1. b) La Jurisprudencia.

2. a) Directa.

3. c) Al Estado y las Comunidades Autónomas.

4. a) Al Rey.

5. c) Leyes marco.

6. c) Quince días.

7. a) El Rey.

8. d) Disposiciones del Gobierno que contienen legislación delegada.

9. d) Decreto-Ley.

10. c) Al Congreso de los Diputados.

11. b) Un máximo de 3 miembros de la Asamblea.

12. c) Una Ley Orgánica.

13. b) 500.000 firmas acreditadas.

14. d) Todas las anteriores son correctas.

15. c) Dos meses, a partir del día de la recepción del texto.

16. b) Veinte días naturales.

17. d) Necesidad, eficacia, proporcionalidad, seguridad jurídica, transparencia, y eficiencia.

18. a) En aplicación del principio de eficiencia.

19. a) En virtud de los principios de necesidad y eficacia.

20. b) Ejecutivos e Independientes.

21. d) Todas las respuestas son correctas.

22. c) Nueve meses, prorrogable por otros tres meses más.

23. b) Los Principios Generales del Derecho.

24. c) El Tribunal Supremo.

25. d) Las respuestas a) y b) son correctas.

26. b) Un máximo de tres miembros de la Asamblea encargados de su defensa.

27. d) 500.000 firmas acreditadas.

28. d) Todas las respuestas son correctas.

29. b) Al Ministro de la Presidencia, Justicia y Relaciones con las Cortes.

30. a) El 30 de abril.

31. b) Decretos–Leyes.

32. a) Los treinta días siguientes a su promulgación.

33. c) Decretos Legislativos.

34. d) Todas las respuestas son correctas.

35. c) Por su contenido, son normas de Derecho subjetivo, de rango inferior al de las leyes.

36. c) En aplicación del principio de eficiencia.

37. a) Reglamentos Ejecutivos y Reglamentos Independientes.

38. d) Todas las respuestas son correctas.

39. a) En aplicación del principio de transparencia.

40. d) Todas las respuestas anteriores son correctas.

41. a) Anualmente.

42. c) Estatales, autonómicos, locales e institucionales.

43. d) Las respuestas b) y c) son correctas.

44. b) Nulidad.

45. a) Internos.

46. d) Prisión de uno a tres años, multa de seis a doce meses e inhabilitación especial para empleo o cargo público por tiempo de seis a doce años.

47. c) Los Tratados Internacionales.

48. c) De quince días.

49. c) Al Presidente de cada una de ellas, en nombre del Rey.

50. d) Todas las respuestas son correctas.

TEST N.º 7

La Ley Foral 11/2019, de 11 de marzo, de la Administración de la Comunidad Foral de Navarra y del Sector Público Institucional Foral. Título I: "Disposiciones Generales". Título II: capítulo I "Administración Pública Foral". Capítulo II "De la organización de la Administración Pública Foral". Capítulo III "Régimen jurídico del ejercicio de las competencias". Capítulo IV "Órganos colegiados". Título III: capítulo I "Organización de la Administración de la Comunidad Foral de Navarra". Título VI: capítulo I "Derechos de las personas"

1. La Ley Foral de la Administración de la Comunidad Foral de Navarra y del Sector Público Institucional Foral es:

a) La Ley Foral 11/2019.
b) La Ley Foral 15/2004.
c) La Ley Foral 14/2004.
d) La Ley Foral 23/1983.

2. Dentro de la Ley Foral de la Administración de la Comunidad Foral de Navarra y del Sector Público Institucional Foral, se denomina "Disposiciones generales":

a) El Título I.
b) El Título II.
c) El Título III.
d) El Título IV.

3. El capítulo I del Título III de la Ley Foral 11/2019 se denomina:

a) "Órganos colegiados".
b) "Organización de la Administración de la Comunidad Foral de Navarra".
c) "De la organización de la Administración Pública Foral".
d) "Régimen jurídico del ejercicio de las competencias".

4. Es falso decir que la Administración Pública Foral gozará, en el ejercicio de sus competencias, de:

a) La potestad expropiatoria.
b) La potestad sancionadora.
c) La potestad de autoorganización.
d) La potestad legislativa.

5. Navarra, sobre el régimen jurídico de la Diputación Foral, de su Administración y de los entes públicos dependientes de la misma, garantizando el tratamiento igual de los administrados ante las Administraciones Públicas, tiene:

a) Competencia exclusiva.
b) Competencia de desarrollo reglamentario, no legislativa.
c) Competencia de ejecución, exclusivamente.
d) Administrativa, incluida la inspección, y revisora en vía administrativa, exclusivamente.

6. Regula la organización, el funcionamiento y el régimen jurídico de la Administración de la Comunidad Foral de Navarra y del Sector Público Institucional Foral:

a) La Ley Foral 14/2004.
b) La Ley Foral 15/2004.
c) La Ley Foral 11/2019.
d) La Ley Foral 11/2007.

7. ¿Qué norma atribuye a la Comunidad Foral competencia exclusiva, en virtud de su régimen foral, sobre las normas de procedimiento administrativo y, en su caso, económico-administrativo que se deriven de las especialidades del Derecho sustantivo o de la organización propios de Navarra?

a) La Constitución Española.
b) La Ley Orgánica 13/1982, de 10 de agosto.
c) La Ley Foral 11/2019, de 11 de marzo.
d) La Ley Foral 15/2004, de 3 de diciembre.

8. Es falso decir que:

a) La Administración de la Comunidad Foral de Navarra está constituida por órganos jerárquicamente ordenados.
b) La Administración de la Comunidad Foral de Navarra actúa con personalidad jurídica única para el cumplimiento de sus fines.
c) La Administración de la Comunidad Foral de Navarra sirve, bajo la dirección del Parlamento de Navarra, con objetividad los intereses generales.
d) Los organismos públicos y entidades de Derecho Público vinculados o dependientes de la Administración de la Comunidad Foral de Navarra tienen personalidad jurídica plena en sus relaciones con terceros.

9. El artículo 5 de la Ley Foral de la Administración de la Comunidad Foral de Navarra y del Sector Público Institucional Foral, se denomina:

a) "Personalidad jurídica de la Administración Pública Foral".
b) "Potestades y prerrogativas de la Administración Pública Foral".
c) "Relaciones ad intra y ad extra".
d) "Ámbito subjetivo".

10. Al frente de cada Departamento de la Administración de la Comunidad Foral de Navarra se encuentra:

a) Un órgano colegiado.
b) Un Consejero o Consejera.
c) Un Director o Directora General.
d) Una Secretaria o Secretario General Técnico.

11. La creación, modificación, agrupación y supresión de Departamentos en que se estructura la Administración de la Comunidad Foral de Navarra, corresponde:

a) A la Presidenta o Presidente del Gobierno de Navarra, mediante Decreto Foral.
b) Al Parlamento de Navarra, mediante Ley Foral.
c) Al Gobierno de Navarra, mediante Decreto Foral.
d) Ninguna de las tres respuestas anteriores es cierta.

12. Son órganos superiores de la Administración Pública Foral:

a) El Gobierno de Navarra, su Presidenta o Presidente, las Vicepresidentas o Vicepresidentes en su caso, las Consejeras y Consejeros, y las Directoras o Directores Generales.
b) El Gobierno de Navarra, su Presidenta o Presidente, las Vicepresidentas o Vicepresidentes en su caso, y las Consejeras y Consejeros.
c) El Gobierno de Navarra, su Presidenta o Presidente y las Vicepresidentas o Vicepresidentes en su caso, exclusivamente.
d) El Gobierno de Navarra y su Presidenta o Presidente, exclusivamente.

13. El incumplimiento de las instrucciones y órdenes de servicio de los órganos de la Administración Pública Foral que dirijan las actividades de los jerárquicamente dependientes:

a) Afecta por sí solo a la validez de los actos dictados por los órganos administrativos.
b) No afecta por sí solo a la validez de los actos dictados por los órganos administrativos.
c) Podrá hacer incurrir, en su caso, en responsabilidad disciplinaria.
d) Las respuestas b) y c) son ciertas.

14. Conforme a la Ley Foral de la Administración de la Comunidad Foral de Navarra y del Sector Público Institucional Foral, los Servicios podrán organizarse en:

a) Secciones, Negociados y otras unidades de rango inferior al de Sección.
b) Direcciones generales o Jefaturas.
c) Jefaturas o Negociados.
d) Organismos Autónomos o Secciones.

15. La Ley Foral de la Administración de la Comunidad Foral de Navarra y del Sector Público Institucional Foral:

a) Establece el número de los Departamentos.
b) Establece el nombre de los distintos Departamentos.
c) Atribuye a la Presidenta o Presidente del Gobierno de Navarra la creación, modificación, agrupación y extinción de Departamentos, mediante decreto foral.
d) Atribuye a la Presidenta o Presidente del Gobierno de Navarra la creación, modificación, agrupación y extinción de los Departamentos por orden foral.

16. La Ley 11/2019 dispone que cada Departamento se estructura en:

a) Una o varias Divisiones y en una Secretaría General Técnica.
b) Una o varias Direcciones Generales y en una Secretaría General Técnica.
c) Una o varias Direcciones Generales y en una Secretaría Técnica.
d) Servicios y en una Secretaría Técnica.

17. Conforme a la Ley Foral 11/2019, las personas titulares de la Secretarías Generales Técnicas tendrán el rango de:

a) Directora o Director de Negociado.
b) Directora o Director de División.
c) Directora o Director de Sección.
d) Directora o Director de Servicio.

18. Es falso decir, conforme a la Ley Foral 11/2019, que:

a) Las decisiones administrativas de los Directores Generales serán firmadas por los mismos.
b) Los Directores Generales serán nombrados y cesados libremente mediante orden foral.
c) Los Directores Generales serán nombrados y cesados a propuesta de las personas titulares de los Departamentos competentes.
d) Las decisiones administrativas de los Directores Generales adoptarán la forma de resolución.

19. La Ley Foral 11/2019 dispone que:

a) No podrán existir dentro de cada Departamento órganos dependientes directamente de la persona titular del mismo.
b) La Dirección General tiene como función la dirección, la gestión y la coordinación de una o de varias áreas funcionalmente homogéneas.

c) La creación, modificación, agrupación y supresión de Direcciones Generales corresponde a la Consejera o Consejero titular del respectivo Departamento.

d) La determinación del área o áreas a las que se extenderá la competencia de cada una de las Direcciones Generales se efectúa mediante orden foral.

20. De acuerdo con la Ley Foral 11/2019, las unidades orgánicas de carácter directivo de los Departamentos son:

a) Los Negociados.
b) Las Secciones.
c) Las Secretarías Generales Técnicas.
d) Los Servicios.

21. Es falso decir que, a los efectos de la Ley Foral 11/2019, tienen la consideración de Administración Pública Foral:

a) La Administración de la Comunidad Foral de Navarra.
b) Los organismos públicos vinculados o dependientes de la Administración de la Comunidad Foral de Navarra.
c) Las entidades de derecho público vinculadas o dependientes de la Administración de la Comunidad Foral de Navarra.
d) La Administración del Estado en Navarra.

22. Conforme a la Ley Foral 11/2019, el "derecho a la buena administración" es aquel por el que:

a) Las personas tienen derecho al acceso igualitario a los servicios públicos, así como a un trato personalizado y adecuado.
b) Cualquier persona que establezca una relación con la Administración Pública Foral tiene derecho a ser atendido con cortesía, diligencia y confidencialidad.
c) Toda persona tiene derecho a que los órganos integrantes de la Administración Pública Foral traten sus asuntos imparcial y equitativamente y dentro de un plazo razonable.
d) Cualquier persona tiene el derecho de petición ante la Administración Pública Foral

23. Es falso decir que las personas en sus relaciones con la Administración Pública Foral ostentan el siguiente derecho:

a) A la protección de la buena fe y la confianza legítima.
b) Al acceso a los servicios públicos.
c) De petición.
d) A usar cualquier idioma.

24. De acuerdo con la Ley Foral 11/2019, en relación a los procedimientos para la atención o respuesta de sugerencias, reclamaciones y quejas que se presenten por cualquier persona, relativas a la actividad o al funcionamiento de los servicios públicos de la Administración Pública Foral:

a) En todo caso, contemplarán una contestación expresa y motivada.

b) En algunos casos, contemplarán una contestación expresa.

c) El Gobierno de Navarra establecerá un procedimiento general, sin perjuicio de los procedimientos establecidos en materias específicas.

d) Las opciones a) y c) son ciertas.

25. Cualquier persona tiene el derecho de petición ante la Administración Pública Foral, de acuerdo con:

a) La Constitución Española y la ley orgánica que lo regula.

b) La Ley Orgánica 3/2018, de 5 de diciembre.

c) El Derecho de la Unión Europea.

d) La legislación específica en materia de transparencia.

26. Señalar cuál de las siguiente normas está actualmente derogada:

a) Ley 39/2015, de 1 de octubre, del Procedimiento Administrativo Común de las Administraciones Públicas.

b) Ley 40/2015, de 1 de octubre, de Régimen Jurídico del Sector Público.

c) Ley Foral 11/2007, de 4 de abril, para la implantación de la administración electrónica en la Comunidad Foral de Navarra.

d) Ley Foral 15/2004, de 3 de diciembre, de la Administración de la Comunidad Foral de Navarra.

Solución al test n.º 7

1. a) La Ley Foral 11/2019.

2. a) El título I.

3. b) "Organización de la Administración de la Comunidad Foral de Navarra".

4. d) La potestad legislativa.

5. a) Competencia exclusiva.

6. c) La Ley Foral 11/2019.

7. b) La Ley Orgánica 13/1982, de 10 de agosto.

8. c) La Administración de la Comunidad Foral de Navarra sirve, bajo la dirección del Parlamento de Navarra, con objetividad los intereses generales.

9. c) "Relaciones ad intra y ad extra".

10. b) Un Consejero o Consejera.

11. a) A la Presidenta o Presidente del Gobierno de Navarra, mediante decreto foral.

12. b) El Gobierno de Navarra, su Presidenta o Presidente, las Vicepresidentas o Vicepresidentes en su caso, y las Consejeras y Consejeros.

13. d) Las respuestas b) y c) son ciertas.

14. a) Secciones, Negociados y otras unidades de rango inferior al de Sección.

15. c) Atribuye a la Presidenta o Presidente del Gobierno de Navarra la creación, modificación, agrupación y extinción de Departamentos, mediante decreto foral.

16. b) Una o varias Direcciones Generales y en una Secretaría General Técnica.

17. d) Directora o Director de Servicio.

18. b) Los Directores Generales serán nombrados y cesados libremente mediante orden foral.

19. b) La Dirección General tiene como función la dirección, la gestión y la coordinación de una o de varias áreas funcionalmente homogéneas.

20. d) Los Servicios.

21. d) La Administración del Estado en Navarra.

22. c) Toda persona tiene derecho a que los órganos integrantes de la Administración Pública Foral traten sus asuntos imparcial y equitativamente y dentro de un plazo razonable.

23. d) A usar cualquier idioma oficial.

24. d) Las opciones a) y c) son ciertas.

25. a) La Constitución Española y la ley orgánica que lo regula.

26. c) Ley Foral 11/2007, de 4 de abril, para la implantación de la administración electrónica en la Comunidad Foral de Navarra.

TEST N.º 8

Los actos administrativos. Requisitos de los actos administrativos. Eficacia de los actos. Nulidad y anulabilidad. La revisión de los actos en vía administrativa: revisión de oficio y recursos administrativos

1. Los actos deben motivarse:

a) Siempre.
b) Nunca.
c) Cuando decidan un procedimiento.
d) Cuando la Ley lo prescriba.

2. No tienen por qué motivarse los actos que:

a) Resuelvan recursos.
b) Limiten derechos subjetivos.
c) Se separen del dictamen de órganos consultivos.
d) Todos los anteriores deben motivarse.

3. En la notificación de todo acto administrativo no es necesario que conste siempre:

a) Su texto íntegro.
b) Los recursos que contra el mismo procedan.
c) Los motivos en que se basa la decisión.
d) El plazo de interposición de los recursos.

4. ¿En qué supuestos la notificación se hará por medio de un anuncio publicado en el Boletín Oficial del Estado?

a) Cuando se ignore el lugar de la notificación.
b) Cuando los interesados en un procedimiento sean conocidos.
c) Cuando intentada la notificación, no se hubiera podido practicar.
d) Las respuestas a) y c) son correctas.

5. A tenor del artículo 41 LPACAP, las notificaciones se practicarán preferentemente:

a) Por la vía postal.
b) Telefónicamente.
c) Por medios electrónicos.
d) Por el medio más rápido y económico para la Administración.

6. Las resoluciones administrativas que vulneren lo establecido en una disposición reglamentaria son:

a) Nulas.
b) Válidas.
c) Anulables.
d) Temporalmente válidas.

7. Para que un acto tenga eficacia retroactiva es necesario que:

a) Limite derechos de los particulares.
b) Restrinja el ejercicio de facultades de los particulares.
c) Imponga deberes u obligaciones.
d) No se lesionen derechos de otras personas.

8. La presunción de legitimidad de los actos administrativos:

a) No admite prueba en contrario.
b) Dependerá de lo que el propio acto establezca.
c) Puede ser objeto de impugnación por el particular.
d) Solo se da cuando la Ley expresamente lo diga.

9. Se efectuarán por medios electrónicos las siguientes notificaciones:

a) Todas sin excepción desde la entrada en vigor de la Ley 39/2015.
b) Las que contengan medios de pago a favor de los obligados, tales como cheques.
c) Las de ciertos colectivos de personas físicas que por razón de su capacidad económica tienen acceso y disponibilidad de los medios electrónicos necesarios.
d) Todas son correctas.

10. Los actos dictados prescindiendo total y absolutamente del procedimiento legalmente establecido o de las normas que contienen las reglas esenciales para la formación de la voluntad de los órganos colegiados, se consideran:

a) Válidos.
b) Nulos de pleno derecho.
c) Anulables.
d) Irregulares.

11. Cuando la Administración Pública efectúa una actuación material que no limita derechos subjetivos de los particulares:

a) Debe haber sido adoptado antes el oportuno acto administrativo.
b) No puede hacerlo.
c) No es necesario un previo acto administrativo.
d) Debe oírse al Consejo de Estado.

12. En los casos de notificaciones infructuosas, las Administraciones podrán publicar un anuncio en el Boletín Oficial de la Comunidad Autónoma o de la Provincia, en el tablón de edictos del Ayuntamiento del último domicilio del interesado o del Consulado o Sección Consular de la Embajada correspondiente, siempre de modo:

a) Preceptivo.
b) Facultativo.
c) De forma obligatoria y en cualquier momento.
d) No vinculante.

13. Los supuestos de nulidad absoluta de actos administrativos:

a) Son la regla general en nuestro Derecho.
b) Son los recogidos en el artículo 47 de la Ley 39/2015, de 1 de octubre, del Procedimiento Administrativo Común de las Administraciones Públicas, exclusivamente.
c) Pueden señalarse expresamente por otro tipo de normas.
d) Son solo los del artículo 47 citado y de otras Leyes formales.

14. Los efectos de una declaración de nulidad absoluta se producen desde:

a) Que se notifica el acto anulatorio.
b) El momento de la declaración de la nulidad.
c) La notificación o publicación del acto anulatorio, según los casos.
d) Se dictó el acto anulado.

15. Los defectos formales en un acto, según reconoce expresamente la Ley:

a) Lo vician con nulidad absoluta.
b) Lo vician con anulabilidad en todo caso.
c) Pueden dar lugar a la nulidad absoluta si producen indefensión.
d) Pueden dar lugar a la anulabilidad en este último caso.

16. La Administración Pública podrá convalidar un acto:

a) Si el vicio consiste en incompetencia jerárquica.
b) Si el vicio consiste en incompetencia funcional.
c) Si el vicio consiste en incompetencia territorial.
d) En ninguno de los anteriores casos.

17. El recurso de alzada contra actos que no agotan la vía administrativa es:

a) Extraordinario.
b) La regla general.
c) Especial.
d) Inexistente.

18. El recurso de reposición contra actos que no agotan la vía administrativa es:

a) Ordinario.
b) Extraordinario.
c) Especial.
d) Inexistente.

19. El recurso de alzada se presentará:

a) Ante el superior jerárquico del órgano que dictó el acto.
b) Ante el Tribunal contencioso competente.
c) Ante el órgano que dictó el acto.
d) Indistintamente, ante el órgano que dictó el acto o el superior jerárquico que deba decidirlo.

20. La resolución presunta del recurso de alzada se dará, si no recae resolución, al/a los:

a) Quince días de interponerlo.
b) Mes de su interposición.
c) Tres meses de dictarse el acto.
d) En cualquier momento a partir del día siguiente a aquel en que, de acuerdo con su normativa específica, se produzcan los efectos del silencio administrativo.

21. El silencio administrativo en el recurso de alzada puede ser positivo en el siguiente caso:

a) Cuando el recurso se presentó contra un acto presunto desestimatorio de la solicitud del ciudadano.
b) Cuando perjudique al ciudadano.
c) Siempre que beneficie al interés público.
d) En ningún supuesto es positivo.

22. El recurso extraordinario de revisión se interpone contra:

a) Cualquier acto administrativo.
b) Actos que no agotan la vía administrativa.
c) Los actos que agotan la vía administrativa.
d) Los actos firmes exclusivamente.

23. La terminación presunta del recurso extraordinario de revisión se dará:

a) A los tres meses de su interposición.
b) Al mes de su interposición.
c) No cabe.
d) Solo en el supuesto de que se base en manifiesto error de derecho.

24. El recurso extraordinario de revisión por manifiesto error de hecho debe plantearse:

a) A los tres meses desde que se produjo.
b) A los cuatro años desde que se conoció.
c) Dentro de los cuatro años desde la notificación del acto.
d) No puede darse nunca aisladamente.

25. La revisión de los actos por los recursos administrativos:

a) Corresponde a la propia Administración Pública.
b) Supone una actuación excepcional por la Administración Pública sobre sus actos firmes.
c) Compete a los órganos jurisdiccionales de lo contencioso-administrativo.
d) Se da solo en supuestos tasados y límites.

26. Para plantear un recurso administrativo:

a) Hay que tener capacidad jurídica, sin requerirse la capacidad de obrar.
b) Basta con la capacidad de obrar.
c) Se requiere, siempre, ser titular de un derecho subjetivo afectado por el acto que se recurre.
d) Puede hacerlo quien ostente la condición de interesado.

27. Cuando una persona interpone un recurso de alzada denominándolo como recurso de revisión:

a) Deberá desestimarse el recurso por improcedente.
b) Deberá notificársele el error para que lo subsane.
c) No se admitirá el recurso.
d) Deberá resolverse, si del propio recurso se deduce su carácter.

28. La *reformatio in peius*, en materia de recursos:

a) Se admite como regla general.
b) Solo se permite en materia sancionadora.
c) Se admite cuando el recurso está claramente infundado.
d) Está expresamente prohibida.

29. Como consecuencia del principio de congruencia, al resolver un recurso, la Administración Pública:

a) Podrá agravar la situación inicial del recurrente.

b) Deberá ajustarse a las peticiones del recurrente.

c) Lo desestimará, manteniendo el acto administrativo.

d) Solo decidirá sobre las cuestiones planteadas por el recurrente sin entrar en otras que deriven del procedimiento.

30. La revocación por la Administración Pública de un acto administrativo de gravamen o no declarativo de derechos:

a) Ha de efectuarse a instancia de los particulares.

b) Está prohibida.

c) Se podrá revocar mientras que no haya transcurrido el plazo de prescripción, siempre que no constituya dispensa o exención no permitida por las Leyes, o sea contraria al principio de igualdad, al interés público o al ordenamiento jurídico.

d) Requiere previo dictamen del Consejo de Estado.

31. ¿Qué ocurre si, transcurridos tres meses desde la interposición del recurso extraordinario de revisión, no se dicta ni notifica resolución?

a) Se entiende estimado.

b) Se entiende desestimado.

c) Se puede interponer de nuevo otro extraordinario de revisión.

d) Ninguna es correcta.

32. Un acto anulable, ¿puede ser revisado de oficio por la Administración Pública, una vez transcurridos cuatro años desde que se dictó?

a) Sí, cuando así lo dictamine el Consejo de Estado.

b) No.

c) Sí, cuando incurra en nulidad de pleno derecho y así lo dictamine el Consejo de Estado.

d) Sí, cuando la ilegalidad sea manifiesta y así lo dictamine el Consejo de Estado.

Solución al test n.º 8

1. d) Cuando la Ley lo prescriba.

2. d) Todos los anteriores deben motivarse.

3. c) Los motivos en que se basa la decisión.

4. d) Las respuestas a) y c) son correctas.

5. c) Por medios electrónicos.

6. a) Nulas.

7. d) No se lesionen derechos de otras personas.

8. c) Puede ser objeto de impugnación por el particular.

9. c) Las de ciertos colectivos de personas físicas que por razón de su capacidad económica tienen acceso y disponibilidad de los medios electrónicos necesarios.

10. b) Nulos de pleno derecho.

11. c) No es necesario un previo acto administrativo.

12. b) Facultativo.

13. c) Pueden señalarse expresamente por otro tipo de normas.

14. d) Se dictó el acto anulado.

15. d) Pueden dar lugar a la anulabilidad en este último caso.

16. a) Si el vicio consiste en incompetencia jerárquica.

17. b) La regla general.

18. d) Inexistente.

19. d) Indistintamente, ante el órgano que dictó el acto o el superior jerárquico que deba decidirlo.

20. d) En cualquier momento a partir del día siguiente a aquel en que, de acuerdo con su normativa específica, se produzcan los efectos del silencio administrativo.

21. a) Cuando el recurso se presentó contra un acto presunto desestimatorio de la solicitud del ciudadano.

22. d) Los actos firmes exclusivamente.

23. a) A los tres meses de su interposición.

24. c) Dentro de los cuatro años desde la notificación del acto.

25. a) Corresponde a la propia Administración Pública.

26. d) Puede hacerlo quien ostente la condición de interesado.

27. d) Deberá resolverse, si del propio recurso se deduce su carácter.

28. d) Está expresamente prohibida.

29. b) Deberá ajustarse a las peticiones del recurrente.

30. c) Se podrá revocar mientras que no haya transcurrido el plazo de prescripción, siempre que no constituya dispensa o exención no permitida por las Leyes, o sea contraria al principio de igualdad, al interés público o al ordenamiento jurídico.

31. b) Se entiende desestimado.

32. b) No.

TEST N.º 9

Las disposiciones generales sobre el procedimiento administrativo: Los interesados en el procedimiento. De la actividad de las administraciones públicas: normas generales de actuación; términos y plazos. Garantías del procedimiento. Iniciación, ordenación, instrucción y finalización del procedimiento. Ejecución

1. En materia de representación, la LPACAP incluye nuevos medios para acreditarla en el ámbito exclusivo de las Administraciones Públicas, como son, entre otros:

a) El apoderamiento notarial de forma electrónica.
b) El apoderamiento *apud acta*, presencial o electrónico.
c) El apoderamiento *anod actus*, presencial o electrónico.
d) El apoderamiento *acta omnis*, presencial.

2. La LPACAP establece, con carácter general, la obligación de las Administraciones Públicas de:

a) No admitir que el interesado pueda presentar con carácter general copias de documentos en soporte papel.
b) No admitir que el interesado pueda presentar con carácter general copias de documentos que hayan sido digitalizadas.
c) Requerir documentos ya aportados por los interesados, elaborados por las Administraciones Públicas o documentos originales.
d) No requerir documentos ya aportados por los interesados, elaborados por las Administraciones Públicas o documentos originales.

3. La edad mínima para entablar por sí solo relaciones con la Administración Pública es de:

a) Dieciocho años.
b) Depende de los casos.
c) Veintiún años la mujer casada.
d) Dieciséis años.

4. La falta o insuficiente acreditación de la representación no impedirá que se tenga por realizado el acto de que se trate, siempre que se aporte aquella o se subsane el defecto dentro del plazo que deberá conceder al efecto el órgano administrativo, de:

a) Un mes, o de un plazo superior cuando las circunstancias del caso así lo requieran.
b) Veinte días, o de un plazo superior cuando las circunstancias del caso así lo requieran.
c) Quince días, o de un plazo superior cuando las circunstancias del caso así lo requieran.
d) Diez días, o de un plazo superior cuando las circunstancias del caso así lo requieran.

5. Los poderes inscritos en el registro electrónico de apoderamiento tendrán una validez determinada máxima de:

a) Diez años a contar desde la fecha de inscripción.
b) Cinco años a contar desde la fecha de inscripción.
c) Tres años a contar desde la fecha de inscripción.
d) Dos años a contar desde la fecha de inscripción.

6. Señala la respuesta incorrecta respecto a los interesados:

a) Se consideran interesados en el procedimiento administrativo los que, sin haber iniciado el procedimiento, tengan derechos que puedan resultar afectados por la decisión que en el mismo se adopte.
b) Cuando en una solicitud, escrito o comunicación figuren varios interesados, las actuaciones a que den lugar se efectuarán con el representante o el interesado que expresamente hayan señalado, y, en su defecto, con cualquiera de los demás.
c) Cuando la condición de interesado derivase de alguna relación jurídica transmisible, el derecho-habiente sucederá en tal condición cualquiera que sea el estado del procedimiento.
d) La presentación de una denuncia y la comparecencia en el trámite de información pública, respectivamente, no confieren u otorgan, por sí solas, la condición de interesado en el procedimiento.

7. En Derecho Administrativo, a diferencia del Derecho Privado, se puede reconocer a los menores de edad:

a) Capacidad jurídica.
b) Capacidad de obrar.
c) Ambas capacidades.
d) Ninguna de ellas.

8. Señala la respuesta incorrecta. Las Administraciones Públicas solo requerirán a los interesados el uso obligatorio de firma para:

a) Presentar declaraciones responsables o comunicaciones.
b) Adquirir derechos.

c) Interponer recursos.

d) Formular solicitudes.

9. Si durante la instrucción de un procedimiento, se advierte la existencia de personas que sean titulares de derechos o intereses legítimos y directos cuya identificación resulte del expediente y que puedan resultar afectados por la resolución que se dicte:

a) Se comunicará a dichas personas la tramitación del procedimiento cuando así lo solicite el interesado que inició el procedimiento.

b) Se publicará por edictos.

c) Se comunicará a dichas personas la tramitación del procedimiento cuando este no haya tenido publicidad.

d) No se comunicará, salvo que se presenten en forma legal en el procedimiento.

10. Con carácter general, para realizar cualquier actuación prevista en el procedimiento administrativo, será suficiente con que los interesados acrediten previamente su identidad a través de cualquiera de los medios de identificación previstos en la Ley 39/2015, de 1 de octubre. Las Administraciones Públicas NO requerirán a los interesados el uso obligatorio de firma para:

a) Identificar a las autoridades y al personal al servicio de las Administraciones Públicas bajo cuya responsabilidad se tramiten los procedimientos.

b) Desistir de acciones.

c) Presentar declaraciones responsables o comunicaciones.

d) Formular solicitudes.

11. En relación con la asistencia en el uso de medios electrónicos a los interesados, el art. 12.2 de la Ley 39/2015, de 1 de octubre, dispone que las Administraciones Públicas asistirán en el uso de medios electrónicos:

a) A quienes ejerzan una actividad profesional para la que se requiera colegiación obligatoria, para los trámites y actuaciones que realicen con las Administraciones Públicas en ejercicio de dicha actividad profesional.

b) A ciertos colectivos de personas físicas que por razón de su capacidad económica, técnica, dedicación profesional u otros motivos quede acreditado que tienen acceso y disponibilidad de los medios electrónicos necesarios.

c) A los empleados de las Administraciones Públicas para los trámites y actuaciones que realicen con ellas por razón de su condición de empleado público.

d) A los interesados no incluidos en los apartados 2 y 3 del artículo 14 de la Ley 39/2015, de 1 de octubre, que así lo soliciten, especialmente en lo referente a la identificación y firma electrónica, presentación de solicitudes a través del registro electrónico general y obtención de copias auténticas.

12. Si algunos de los interesados no dispone de los medios electrónicos necesarios, su identificación o firma electrónica en el procedimiento administrativo podrá ser válidamente realizada por un funcionario público mediante el uso del sistema de firma electrónica del que esté dotado para ello. En este caso:

a) Será necesario que el interesado que carezca de los medios electrónicos necesarios se identifique ante el funcionario.

b) Será necesario que el interesado que carezca de los medios electrónicos necesarios se identifique ante el funcionario y preste su consentimiento expreso para esta actuación.

c) Será necesario que el interesado que carezca de los medios electrónicos necesarios se identifique ante el funcionario y preste su consentimiento expreso para esta actuación, de lo que deberá quedar constancia para los casos de discrepancia.

d) Será necesario que el interesado que carezca de los medios electrónicos necesarios se identifique ante el funcionario y preste su consentimiento expreso para esta actuación, de lo que deberá quedar constancia para los casos de discrepancia o litigio.

13. Señala uno de los derechos que la Ley 39/2015, de 1 de octubre, del Procedimiento Administrativo Común de las Administraciones Públicas, reconoce a quienes tengan capacidad de obrar ante las Administraciones Públicas:

a) A la obtención y utilización de los medios de identificación y firma electrónica contemplados en la Ley 39/2015, de 1 de octubre.

b) A la protección de datos de carácter personal, y en particular a la seguridad y confidencialidad de los datos que figuren en los ficheros, sistemas y aplicaciones de las Administraciones Públicas.

c) A ser asistidos en el uso de medios electrónicos en sus relaciones con las Administraciones Públicas.

d) Todas las respuestas son correctas.

14. La Ley 39/2015, de 1 de octubre, del Procedimiento Administrativo Común de las Administraciones Públicas, reconoce a quienes tengan capacidad de obrar ante las Administraciones Públicas el derecho a comunicarse con las Administraciones Públicas a través de:

a) Un Punto de Acceso Rápido Telemático.

b) Un Punto Electrónico Central.

c) Un Punto Único Electrónico de contacto.

d) Un Punto de Acceso General electrónico de la Administración.

15. A menos que la naturaleza del documento exija otra forma más adecuada de expresión y constancia, las Administraciones Públicas deberán emitir los documentos administrativos:

a) Preferiblemente de forma verbal.

b) Por escrito, a través de medios electrónicos.

c) Verbal o en su defecto por escrito.

d) De cualquier forma que deje constancia de su recepción.

16. Indica cuál de los siguientes documentos electrónicos emitidos por las Administraciones Públicas no requieren de firma electrónica, aunque sí precisan identificar su origen:

a) Los documentos que formen parte de un expediente administrativo.

b) Los documentos que se publiquen con carácter sancionador.

c) Los documentos que se publiquen con carácter meramente informativo.

d) Todos los documentos electrónicos emitidos por una Administración Pública requieren de firma electrónica.

17. ¿Cuándo podrán los interesados solicitar la expedición de copias auténticas de los documentos públicos administrativos que hayan sido válidamente emitidos por las Administraciones Públicas?

a) Únicamente en la fase de audiencia.

b) Solo en la fase de prueba.

c) Siempre antes de la resolución del expediente administrativo.

d) En cualquier momento.

18. La solicitud de copias auténticas de los documentos públicos administrativos que hayan sido válidamente emitidos por las Administraciones Públicas se dirigirá al órgano que emitió el documento original, debiendo expedirse, salvo las excepciones derivadas de la aplicación de la Ley 19/2013, de 9 de diciembre, en el plazo de:

a) Un mes a contar desde la recepción de la solicitud en el registro electrónico de la Administración u Organismo competente.

b) Veinte días a contar desde la recepción de la solicitud en el registro electrónico de la Administración u Organismo competente.

c) Quince días a contar desde la recepción de la solicitud en el registro electrónico de la Administración u Organismo competente.

d) Diez días a contar desde la recepción de la solicitud en el registro electrónico de la Administración u Organismo competente.

19. Los documentos que los interesados dirijan a los órganos de las Administraciones Públicas podrán presentarse:

a) En las oficinas de Correos, en la forma que reglamentariamente se establezca.

b) En las representaciones diplomáticas u oficinas consulares de España en el extranjero.

c) En las oficinas de asistencia en materia de registros.

d) Todas las respuestas son correctas.

20. Señala la respuesta incorrecta respecto a la comparecencia de las personas:

a) La comparecencia de las personas ante las oficinas públicas, ya sea presencialmente o por medios electrónicos, solo será obligatoria cuando así esté previsto mediante Reglamento.

b) En los casos en que proceda la comparecencia, la correspondiente citación hará constar expresamente el lugar, fecha, hora, los medios disponibles y objeto de la comparecencia, así como los efectos de no atenderla.

c) Las Administraciones Públicas entregarán al interesado certificación acreditativa de la comparecencia cuando así lo solicite.

d) Todas las respuestas son incorrectas.

21. Señala la respuesta incorrecta:

a) Estarán obligados a relacionarse a través de medios electrónicos con las Administraciones Públicas para la realización de cualquier trámite de un procedimiento administrativo los notarios y registradores de la propiedad y mercantiles.

b) En los procedimientos tramitados por las Administraciones de las Comunidades Autónomas y de las Entidades Locales, el uso de la lengua se ajustará a lo previsto en la legislación nacional.

c) Cada Administración dispondrá de un Registro Electrónico General, en el que se hará el correspondiente asiento de todo documento que sea presentado o que se reciba en cualquier órgano administrativo, organismo público o entidad vinculado o dependiente a estos.

d) Las personas físicas podrán elegir en todo momento si se comunican con las Administraciones Públicas para el ejercicio de sus derechos y obligaciones a través de medios electrónicos o no, salvo que estén obligadas a relacionarse a través de medios electrónicos con las Administraciones Públicas.

22. ¿Quién puede obtener copias de documentos contenidos en un procedimiento que se esté tramitando?

a) Solo los interesados en él.

b) Cualquier ciudadano.

c) Nadie.

d) Solo otro órgano administrativo.

23. Si un interesado de una Comunidad Autónoma con lengua oficial específica se dirige a un órgano de la Administración General del Estado sito en su Comunidad, ha de hacerlo en:

a) Castellano necesariamente.

b) Su lengua oficial exclusivamente.

c) Cualquiera de las dos anteriores, a su opción.

d) La que se le indique por la citada Administración.

24. Los interesados en un procedimiento que conozcan datos que permitan identificar a otros interesados que no hayan comparecido en él:

a) Tienen el deber de proporcionárselos a la Administración actuante.
b) Pueden proporcionárselos a la Administración actuante, cuando lo estimen conveniente.
c) No tienen por qué aportarlos al procedimiento.
d) Solo tienen obligación de aportarlos cuando les proporcione un beneficio.

25. El plazo máximo en el que debe notificarse la resolución expresa será el fijado por la norma reguladora del correspondiente procedimiento. Este plazo, salvo que una norma con rango de ley establezca uno mayor o así venga previsto en el Derecho de la Unión Europea, no podrá exceder de:

a) Veinte días.
b) Un mes.
c) Tres meses.
d) Seis meses.

26. El transcurso del plazo máximo legal para resolver un procedimiento y notificar la resolución se podrá suspender:

a) Cuando deba obtenerse un pronunciamiento previo y preceptivo de un órgano de la Unión Europea, por el tiempo que medie entre la petición, que habrá de comunicarse a los interesados, y la notificación del pronunciamiento a la Administración instructora, que también deberá serles comunicada.
b) Cuando deban realizarse pruebas técnicas o análisis contradictorios o dirimentes propuestos por los interesados, durante el tiempo necesario para la incorporación de los resultados al expediente.
c) Cuando exista un procedimiento no finalizado en el ámbito de la Unión Europea que condicione directamente el contenido de la resolución de que se trate, desde que se tenga constancia de su existencia, lo que deberá ser comunicado a los interesados, hasta que se resuelva, lo que también habrá de ser notificado.
d) Todas las respuestas son correctas.

27. ¿Qué recurso cabe contra el acuerdo que resuelva sobre la ampliación de plazos?

a) Recurso de alzada.
b) Recurso extraordinario de revisión.
c) Recurso de reposición, en el plazo de un mes.
d) Ningún recurso.

28. Señala la respuesta correcta respecto al cómputo de plazos:

a) Salvo que por ley o en el Derecho de la Unión Europea se disponga otro cómputo, cuando los plazos se señalen por horas, se entiende que estas son naturales.
b) Siempre que por ley o en el Derecho de la Unión Europea no se exprese otro cómputo, cuando los plazos se señalen por días, se entiende que estos son naturales, incluyéndose en el cómputo los sábados, los domingos y los declarados festivos.

c) Los plazos expresados en días se contarán desde el mismo día en que tenga lugar la notificación o publicación del acto de que se trate, o desde el siguiente a aquel en que se produzca la estimación o la desestimación por silencio administrativo.

d) Cuando un día fuese hábil en el municipio o Comunidad Autónoma en que residiese el interesado, e inhábil en la sede del órgano administrativo, o a la inversa, se considerará inhábil en todo caso.

29. Señala la respuesta incorrecta respecto al cómputo de los plazos:

a) Cuando los plazos se hayan señalado por días naturales por declararlo así una ley o por el Derecho de la Unión Europea, se hará constar esta circunstancia en las correspondientes notificaciones.

b) Cuando el último día del plazo sea inhábil, se entenderá prorrogado al primer día hábil siguiente.

c) Los plazos expresados por horas se contarán de hora en hora y de minuto en minuto desde la hora y minuto en que tenga lugar la notificación o publicación del acto de que se trate y no podrán tener una duración superior a veinticuatro horas, en cuyo caso se expresarán en días.

d) La declaración de un día como hábil o inhábil a efectos de cómputo de plazos determina por sí sola el funcionamiento de los centros de trabajo de las Administraciones Públicas, la organización del tiempo de trabajo así como el régimen de jornada y horarios de las mismas.

30. El registro electrónico permite la presentación de documentos:

a) De lunes a viernes de 8 a 15 horas.
b) De lunes a viernes de 8 a 21 horas.
c) Todos los días del año de 8 a 21 horas.
d) Todos los días del año durante las veinticuatro horas.

31. ¿En qué caso podrá ser objeto de ampliación un plazo ya vencido?

a) En los procedimientos tramitados por las misiones diplomáticas y oficinas consulares.
b) En aquellos que, sustanciándose en el interior, exijan cumplimentar algún trámite en el extranjero o en los que intervengan interesados residentes fuera de España.
c) Siempre que así lo considere oportuno, y lo fundamente, el Instructor del procedimiento.
d) En ningún caso.

32. Cuando razones de interés público lo aconsejen, se podrá acordar, de oficio o a petición del interesado, la aplicación al procedimiento de la tramitación de urgencia, por la cual se reducirán a la mitad los plazos establecidos para el procedimiento ordinario, salvo:

a) Los relativos a la presentación de solicitudes.
b) Los relativos a la presentación de recursos.
c) Las respuestas a) y b) son correctas.
d) Ninguna respuesta es correcta.

33. Señala qué recurso cabe contra el acuerdo de acumulación de procedimientos administrativos:

a) Recurso de alzada.
b) Recurso extraordinario de revisión.
c) Recurso de reposición, en el plazo de un mes.
d) Ningún recurso.

34. ¿Cuándo se iniciarán de oficio los procedimientos?

a) Por denuncia.
b) Por acuerdo del órgano competente.
c) Por propia iniciativa.
d) Todas las respuestas son correctas.

35. Señala la respuesta incorrecta respecto al inicio del procedimiento por denuncia:

a) Las denuncias deberán expresar la identidad de la persona o personas que las presentan y el relato de los hechos que se ponen en conocimiento de la Administración.
b) La presentación de una denuncia confiere, por sí sola, la condición de interesado en el procedimiento.
c) Cuando la denuncia invocara un perjuicio en el patrimonio de las Administraciones Públicas la no iniciación del procedimiento deberá ser motivada y se notificará a los denunciantes la decisión de si se ha iniciado o no el procedimiento.
d) Se entiende por denuncia el acto por el que cualquier persona, en cumplimiento o no de una obligación legal, pone en conocimiento de un órgano administrativo la existencia de un determinado hecho que pudiera justificar la iniciación de oficio de un procedimiento administrativo.

36. ¿En qué caso se podrá imponer una sanción sin que se haya tramitado el oportuno procedimiento?

a) En casos de urgente necesidad.
b) En situaciones excepcionales, como por ejemplo, situaciones de crisis sanitarias o epidemias.
c) Las respuestas a) y b) son correctas.
d) En ningún caso.

37. ¿Cuál de los siguientes datos no es necesario que figure en las solicitudes de iniciación del procedimiento por parte de los interesados?

a) Número de teléfono.
b) Hechos, razones y petición en que se concrete, con toda claridad, la solicitud.
c) Órgano, centro o unidad administrativa a la que se dirige y su correspondiente código de identificación.
d) Firma del solicitante o acreditación de la autenticidad de su voluntad expresada por cualquier medio.

38. Los documentos que los interesados dirijan a los órganos de las Administraciones Públicas podrán presentarse:

a) En las oficinas de Correos, en la forma que reglamentariamente se establezca.
b) En el registro electrónico de la Administración u Organismo al que se dirijan.
c) En las representaciones diplomáticas u oficinas consulares de España en el extranjero.
d) Todas las respuestas son correctas.

39. Los interesados solo podrán solicitar el inicio de un procedimiento de responsabilidad patrimonial, cuando no haya prescrito su derecho a reclamar. El derecho a reclamar prescribirá:

a) Al año de producido el hecho o el acto que motive la indemnización o se manifieste su efecto lesivo.
b) A los dos años de producido el hecho o el acto que motive la indemnización o se manifieste su efecto lesivo.
c) A los cinco años de producido el hecho o el acto que motive la indemnización o se manifieste su efecto lesivo.
d) Este derecho no prescribe.

40. ¿De acuerdo con qué principio se acordarán en un solo acto todos los trámites que, por su naturaleza, admitan un impulso simultáneo y no sea obligado su cumplimiento sucesivo?

a) Con el principio de oficialidad.
b) Con el principio de eficacia.
c) Con el principio de simplificación administrativa.
d) Con el principio de rapidez administrativa.

41. Salvo en el caso de que en la norma correspondiente se fije plazo distinto, los trámites que deban ser cumplimentados por los interesados deberán realizarse en el plazo de:

a) Siete días a partir del siguiente al de la notificación del correspondiente acto.
b) Diez días a partir del siguiente al de la notificación del correspondiente acto.
c) Quince días a partir del siguiente al de la notificación del correspondiente acto.
d) Un mes a partir del siguiente al de la notificación del correspondiente acto.

42. En cualquier momento del procedimiento, cuando la Administración considere que alguno de los actos de los interesados no reúne los requisitos necesarios, lo pondrá en conocimiento de su autor, concediéndole un plazo para cumplimentarlo:

a) De cinco días.
b) De siete días.
c) De diez días.
d) De veinte días.

43. Cuando la Administración no tenga por ciertos los hechos alegados por los interesados o la naturaleza del procedimiento lo exija, el instructor del mismo acordará la apertura de un período de prueba, a fin de que puedan practicarse cuantas juzgue pertinentes, por un plazo:

a) No superior a treinta días ni inferior a diez.
b) No superior a treinta días ni inferior a quince.
c) No superior a veinte días ni inferior a diez.
d) No superior a veinte días ni inferior a cinco.

44. Salvo disposición expresa en contrario, los informes serán:

a) Vinculantes.
b) Vinculantes y facultativos.
c) Facultativos y no vinculantes.
d) Nunca facultativos.

45. En el caso de los procedimientos de responsabilidad patrimonial será preceptivo solicitar informe al servicio cuyo funcionamiento haya ocasionado la presunta lesión indemnizable, no pudiendo exceder el plazo de su emisión de:

a) Diez días.
b) Quince días.
c) Veinte días.
d) Un mes.

46. ¿Cómo se denomina el conjunto ordenado de documentos y actuaciones que sirven de antecedente y fundamento a la resolución administrativa, así como las diligencias encaminadas a ejecutarla?

a) Dosier administrativo.
b) Acto administrativo.
c) Expediente administrativo.
d) Procedimiento administrativo.

47. Con arreglo al artículo 74 LPACAP, las cuestiones incidentales que se susciten en el procedimiento, incluso las que se refieran a la nulidad de actuaciones:

a) Suspenderán la tramitación del procedimiento.
b) No suspenderán la tramitación del procedimiento, salvo la recusación.
c) No suspenderán la tramitación del procedimiento en ningún caso.
d) Siempre que lo estime oportuno el instructor del procedimiento, y así lo motive suficientemente, suspenderá la tramitación del procedimiento.

48. ¿Cuándo podrán los interesados aducir alegaciones y aportar documentos u otros elementos de juicio?

a) En cualquier momento.
b) En cualquier momento del procedimiento posterior al trámite de audiencia.
c) En cualquier momento del procedimiento anterior al trámite de audiencia.
d) Únicamente cuando lo autorice el instructor del procedimiento.

49. Señala la respuesta incorrecta respecto a los medios y período de prueba:

a) El instructor del procedimiento solo podrá rechazar las pruebas propuestas por los interesados cuando sean manifiestamente improcedentes o innecesarias, sin necesidad de resolución motivada.
b) En los procedimientos de carácter sancionador, los hechos declarados probados por resoluciones judiciales penales firmes vincularán a las Administraciones Públicas respecto de los procedimientos sancionadores que substancien.
c) Cuando la prueba consista en la emisión de un informe de un órgano administrativo, organismo público o Entidad de derecho público, se entenderá que este tiene carácter preceptivo.
d) Cuando la valoración de las pruebas practicadas pueda constituir el fundamento básico de la decisión que se adopte en el procedimiento, por ser pieza imprescindible para la correcta evaluación de los hechos, deberá incluirse en la propuesta de resolución.

50. Cuando lo considere necesario, el instructor, a petición de los interesados, podrá decidir la apertura de un período extraordinario de prueba por un plazo:

a) No superior a diez días.
b) No superior a quince días.
c) No superior a veinte días.
d) No superior a un mes.

51. Salvo que una disposición o el cumplimiento del resto de los plazos del procedimiento permita o exija otro plazo mayor o menor, los informes serán emitidos en el plazo de:

a) Diez días.
b) Quince días.
c) Veinte días.
d) Un mes.

52. ¿De qué plazo disponen los interesados para alegar y presentar los documentos y justificaciones que estimen pertinentes?

a) De un plazo no inferior a cinco días ni superior a diez.
b) De un plazo no inferior a diez días ni superior a quince.

c) De un plazo no inferior a diez días ni superior a veinte.

d) De un plazo no inferior a diez días ni superior a un mes.

53. ¿En qué plazo deberán practicarse las actuaciones complementarias?

a) En un plazo no superior a siete días.

b) En un plazo no superior a diez días.

c) En un plazo no superior a quince días.

d) En un plazo no superior a un mes.

54. ¿Transcurrido qué plazo desde que se inició el procedimiento sin que haya recaído y se notifique resolución expresa o, en su caso, se haya formalizado el acuerdo, podrá entenderse que la resolución es contraria a la indemnización del particular?

a) Transcurrido un mes.

b) Transcurridos tres meses.

c) Transcurridos seis meses.

d) Transcurrido un año.

55. A tenor del artículo 92 LPACAP, en el ámbito de la Administración General del Estado, los procedimientos de responsabilidad patrimonial se resolverán por:

a) El Ministro respectivo.

b) El Presidente del Gobierno.

c) El Consejo de Ministros.

d) Las respuestas a) y c) son correctas.

56. Señala la respuesta incorrecta respecto al desistimiento y renuncia por los interesados:

a) Si el escrito de iniciación se hubiera formulado por dos o más interesados, el desistimiento o la renuncia afectará a todos los que la hubiesen formulado.

b) Todo interesado podrá desistir de su solicitud o, cuando ello no esté prohibido por el ordenamiento jurídico, renunciar a sus derechos.

c) Si la cuestión suscitada por la incoación del procedimiento entrañase interés general o fuera conveniente sustanciarla para su definición y esclarecimiento, la Administración podrá limitar los efectos del desistimiento o la renuncia al interesado y seguirá el procedimiento.

d) Tanto el desistimiento como la renuncia podrán hacerse por cualquier medio que permita su constancia, siempre que incorpore las firmas que correspondan de acuerdo con lo previsto en la normativa aplicable.

Solución al test n.º 9

1. b) El apoderamiento *apud acta*, presencial o electrónico.

2. d) No requerir documentos ya aportados por los interesados, elaborados por las Administraciones Públicas o documentos originales.

3. b) Depende de los casos.

4. d) Diez días, o de un plazo superior cuando las circunstancias del caso así lo requieran.

5. b) Cinco años a contar desde la fecha de inscripción.

6. b) Cuando en una solicitud, escrito o comunicación figuren varios interesados, las actuaciones a que den lugar se efectuarán con el representante o el interesado que expresamente hayan señalado, y, en su defecto, con cualquiera de los demás.

7. b) Capacidad de obrar.

8. b) Adquirir derechos.

9. c) Se comunicará a dichas personas la tramitación del procedimiento cuando este no haya tenido publicidad.

10. a) Identificar a las autoridades y al personal al servicio de las Administraciones Públicas bajo cuya responsabilidad se tramiten los procedimientos.

11. d) A los interesados no incluidos en los apartados 2 y 3 del artículo 14 de la Ley 39/2015, de 1 de octubre, que así lo soliciten, especialmente en lo referente a la identificación y firma electrónica, presentación de solicitudes a través del registro electrónico general y obtención de copias auténticas.

12. d) Será necesario que el interesado que carezca de los medios electrónicos necesarios se identifique ante el funcionario y preste su consentimiento expreso para esta actuación, de lo que deberá quedar constancia para los casos de discrepancia o litigio.

13. d) Todas las respuestas son correctas.

14. d) Un Punto de Acceso General electrónico de la Administración.

15. b) Por escrito, a través de medios electrónicos.

16. c) Los documentos que se publiquen con carácter meramente informativo.

17. d) En cualquier momento.

18. c) Quince días a contar desde la recepción de la solicitud en el registro electrónico de la Administración u Organismo competente.

19. d) Todas las respuestas son correctas.

20. a) La comparecencia de las personas ante las oficinas públicas, ya sea presencialmente o por medios electrónicos, solo será obligatoria cuando así esté previsto mediante Reglamento.

21. b) En los procedimientos tramitados por las Administraciones de las Comunidades Autónomas y de las Entidades Locales, el uso de la lengua se ajustará a lo previsto en la legislación nacional.

22. a) Solo los interesados en él.

23. c) Cualquiera de las dos anteriores, a su opción.

24. a) Tienen el deber de proporcionárselos a la Administración actuante.

25. d) Seis meses.

26. d) Todas las respuestas son correctas.

27. d) Ningún recurso.

28. d) Cuando un día fuese hábil en el municipio o Comunidad Autónoma en que residiese el interesado, e inhábil en la sede del órgano administrativo, o a la inversa, se considerará inhábil en todo caso.

29. d) La declaración de un día como hábil o inhábil a efectos de cómputo de plazos determina por sí sola el funcionamiento de los centros de trabajo de las Administraciones Públicas, la organización del tiempo de trabajo así como el régimen de jornada y horarios de las mismas.

30. d) Todos los días del año durante las veinticuatro horas.

31. d) En ningún caso.

32. c) Las respuestas a) y b) son correctas.

33. d) Ningún recurso.

34. d) Todas las respuestas son correctas.

35. b) La presentación de una denuncia confiere, por sí sola, la condición de interesado en el procedimiento.

36. d) En ningún caso.

37. a) Número de teléfono.

38. d) Todas las respuestas son correctas.

39. a) Al año de producido el hecho o el acto que motive la indemnización o se manifieste su efecto lesivo.

40. c) Con el principio de simplificación administrativa.

41. b) Diez días a partir del siguiente al de la notificación del correspondiente acto.

42. c) De diez días.

43. a) No superior a treinta días ni inferior a diez.

44. c) Facultativos y no vinculantes.

45. a) Diez días.

46. c) Expediente administrativo.

47. b) No suspenderán la tramitación del procedimiento, salvo la recusación.

48. c) En cualquier momento del procedimiento anterior al trámite de audiencia.

49. a) El instructor del procedimiento solo podrá rechazar las pruebas propuestas por los interesados cuando sean manifiestamente improcedentes o innecesarias, sin necesidad de resolución motivada.

50. a) No superior a diez días.

51. a) Diez días.

52. b) De un plazo no inferior a diez días ni superior a quince.

53. c) En un plazo no superior a quince días.

54. c) Transcurridos seis meses.

55. d) Las respuestas a) y c) son correctas.

56. a) Si el escrito de iniciación se hubiera formulado por dos o más interesados, el desistimiento o la renuncia afectará a todos los que la hubiesen formulado.

El Estatuto del Personal al servicio de las Administraciones Públicas de Navarra: Clases de personal. La selección de los funcionarios públicos. La adquisición y pérdida de la condición de funcionario. La carrera administrativa. Las situaciones administrativas. La provisión de puestos de trabajo. Derechos y deberes

1. El Texto Refundido del Estatuto del Personal al servicio de las Administraciones Públicas de Navarra fue aprobado por:

a) Ley Foral.
b) Ley Orgánica.
c) Decreto Foral Legislativo.
d) Decreto-Ley Foral.

2. En el Texto Refundido del Estatuto del Personal al servicio de las Administraciones Públicas de Navarra, se entiende como tales:

a) La Administración de la Comunidad Foral y los organismos públicos dependientes de ella.
b) Las Entidades Locales de Navarra y los organismos públicos dependientes de ellas.
c) Únicamente la Administración de la Comunidad Foral y las Entidades Locales de Navarra.
d) Las respuestas a) y b) son ciertas.

3. Según el Texto Refundido aprobado por el Decreto Foral Legislativo 251/1993, el personal al servicio de las Administraciones Públicas de Navarra está integrado por:

a) El personal contratado.
b) El personal eventual.
c) Los funcionarios públicos.
d) Las tres opciones anteriores son ciertas.

4. El personal contratado, al que se refiere el Texto Refundido del Estatuto del Personal al servicio de las Administraciones Públicas de Navarra, puede serlo en régimen:

a) Público o privado.
b) Administrativo o laboral.

c) Fijo o temporal.

d) De servicio activo o de servicios especiales.

5. El personal al servicio de las Administraciones Públicas de Navarra, en el ámbito de aplicación del Texto Refundido aprobado por el Decreto Foral Legislativo 251/1993, estará integrado por:

a) Los funcionarios públicos, el personal especial y el personal estatutario.

b) Los funcionarios públicos, el personal eventual y el personal contratado.

c) Los funcionarios públicos y el personal estatutario.

d) Los funcionarios públicos, únicamente.

6. El Título II del Texto Refundido del Estatuto del Personal al servicio de las Administraciones Públicas de Navarra se denomina:

a) Funcionarios Públicos.

b) Disposiciones Generales.

c) Personal Eventual.

d) Personal Contratado.

7. El Texto Refundido del Estatuto del Personal al servicio de las Administraciones Públicas de Navarra se aplicará a:

a) Los miembros de la Policía Foral.

b) El personal al servicio de las Entidades Locales de Navarra con las especificidades establecidas para el mismo en la Ley Foral 6/1990, de 2 de julio.

c) El personal adscrito al Servicio Navarro de Salud-Osasunbidea.

d) Los funcionarios sanitarios municipales de Navarra.

8. «Funcionarios Públicos» es, dentro del Texto Refundido del Estatuto del Personal al servicio de las Administraciones Públicas de Navarra:

a) El Título Preliminar.

b) El Título I.

c) El Título II.

d) El Título III.

9. ¿Pueden los cónyuges de nacionales de Estados miembros de la Unión Europea acceder a determinados empleos públicos en las Administraciones Públicas de Navarra?

a) Sí, en cualquier caso.

b) Sí, siempre que no estén separados de hecho o de derecho.

c) Sí, siempre que no estén separados de derecho.

d) No, en ningún caso.

10. De acuerdo con el art. 7 del Texto Refundido aprobado por el Decreto Foral Legislativo 251/1993, para ser admitido a las pruebas selectivas para el ingreso como funcionario en las Administraciones Públicas de Navarra se requiere, entre otras cosas:

a) Tener la nacionalidad española.
b) Tener la nacionalidad de un Estado miembro de la Unión Europea, salvo para el acceso a determinados empleos públicos.
c) Ser una de las personas incluidas en el ámbito de aplicación de los Tratados Internacionales celebrados por la Comunidad Europea y ratificados por España, en los que sea de aplicación la libre circulación de trabajadores, salvo para el acceso a determinados empleos públicos.
d) Las tres opciones anteriores son válidas.

11. Los descendientes de nacionales de Estados miembros de la Unión Europea podrán acceder a determinados empleos públicos en las Administraciones Públicas de Navarra cuando:

a) Sean menores de 21 años.
b) Sean mayores de 21 años y vivan a sus expensas.
c) Sean menores de 25 años, en todo caso.
d) Las opciones a) y b) son ciertas.

12. De acuerdo con el Texto Refundido del Estatuto del Personal al servicio de las Administraciones Públicas de Navarra, para ser admitido a las pruebas selectivas para el ingreso como funcionario es requisito necesario, entre otros:

a) Ser mayor de edad y, en su caso, no superar la edad establecida reglamentariamente.
b) Estar en condiciones de obtener el título exigido, en la fecha que termine el proceso selectivo.
c) Poseer la capacidad física y psíquica necesarias para el ejercicio de las correspondientes funciones.
d) Las tres respuestas anteriores son falsas.

13. La condición de funcionario, conforme al Texto Refundido del Estatuto del Personal al servicio de las Administraciones Públicas de Navarra, se adquiere por el cumplimiento sucesivo de varios requisitos, en cuyo último lugar se encuentra:

a) La toma de posesión.
b) El nombramiento conferido por la autoridad competente.
c) La superación de las correspondientes pruebas selectivas.
d) El juramento o promesa de respetar el régimen foral de Navarra, de acatar la Constitución, las leyes, y de cumplir fielmente las obligaciones propias del cargo.

14. De acuerdo con el Texto Refundido del Estatuto del Personal al servicio de las Administraciones Públicas de Navarra, la toma de posesión para la adquisición de la condición de personal funcionario:

a) Se realizará en la fecha que a tal efecto se determine en la resolución de nombramiento, salvo causa suficientemente justificada.

b) Podrá quedar aplazada en el caso de aspirantes que se encuentren disfrutando de una licencia por parto, adopción, guarda con fines de adopción o acogimiento, durante el periodo que se esté disfrutando de manera ininterrumpida.

c) Podrá quedar aplazada en el caso de aspirantes que se encuentren disfrutando de un permiso del progenitor diferente a la madre biológica, durante el periodo que se esté disfrutando de manera ininterrumpida.

d) Las tres opciones anteriores son ciertas.

15. Se reserva la plaza de origen al personal funcionario, en el ámbito de aplicación del Texto Refundido del Estatuto del Personal al servicio de las Administraciones Públicas de Navarra, únicamente durante los primeros dieciocho meses, en el caso de:

a) Excedencia voluntaria por interés particular.

b) Excedencia especial.

c) Excedencia forzosa.

d) Servicios especiales.

16. Los funcionarios a los que se les aplica el Texto Refundido del Estatuto del Personal al servicio de las Administraciones Públicas de Navarra, pueden hallarse en las siguientes situaciones:

a) Servicio activo, servicios especiales y servicios forzosos.

b) Servicio activo, servicios especiales, excedencia y suspensión.

c) Servicio activo, servicios especiales, excedencia y servicios voluntarios.

d) Únicamente en servicio activo o en servicio pasivo.

17. La excedencia de los funcionarios a los que se les aplica el Texto Refundido del Estatuto del Personal al servicio de las Administraciones Públicas de Navarra, podrá ser:

a) Activa o pasiva.

b) Activa, especial o forzosa.

c) Voluntaria, forzosa o pasiva.

d) Voluntaria, especial o forzosa.

18. Procederá declarar, con carácter general, la excedencia voluntaria, a petición del personal funcionario al que se le aplica el Texto Refundido del Estatuto del Personal al servicio de las Administraciones Públicas de Navarra, cuando pase a prestar servicios con carácter fijo en otra Administración Pública, siempre que haya permanecido en servicio activo o situación asimilada, como mínimo, durante:

a) Tres años, contados desde la toma de posesión de la plaza.

b) Dos años, contados desde la toma de posesión de la plaza.

c) Dieciocho meses, contados desde la toma de posesión de la plaza.

d) Un año, contado desde la toma de posesión de la plaza.

19. La excedencia especial de los funcionarios a los que se les aplica el Texto Refundido del Estatuto del Personal al servicio de las Administraciones Públicas de Navarra, no podrá declararse por periodo superior a:

a) 3 años.

b) 2 años.

c) 18 meses.

d) 12 meses.

20. Los funcionarios a los que se les aplica el Texto Refundido del Estatuto del Personal al servicio de las Administraciones Públicas de Navarra, se hallarán en situación de servicio activo:

a) Cuando ocupen plaza correspondiente a funcionarios públicos en la plantilla orgánica de la Administración Pública respectiva.

b) Cuando se hallen pendientes de adscripción a un puesto de trabajo concreto por cese en el anterior.

c) Cuando se les confiera una comisión de servicios de carácter permanente en cualquiera de los organismos públicos.

d) Las opciones a) y b) son correctas.

21. Los funcionarios a los que se les aplica el Texto Refundido del Estatuto del Personal al servicio de las Administraciones Públicas de Navarra, pueden encontrarse en situación de suspensión:

a) Provisional y definitiva.

b) Temporal y definitiva.

c) Voluntaria, especial y forzosa.

d) Provisional y firme.

22. Según el Texto Refundido del Estatuto del Personal al servicio de las Administraciones Públicas de Navarra, puede ser voluntaria, especial o forzosa:

a) La suspensión.

b) La excedencia.

c) La situación administrativa.

d) La carrera administrativa.

23. La carrera administrativa de los funcionarios a los que se les aplica el Texto Refundido del Estatuto del Personal al servicio de las Administraciones Públicas de Navarra consiste en:

a) La promoción de nivel.

b) El ascenso de grado, dentro de cada nivel.

c) El ascenso de categoría, dentro de cada nivel.

d) Las tres respuestas anteriores son ciertas.

24. Es falso decir que la promoción de nivel, de una persona funcionaria a la que se aplica el Texto Refundido aprobado por el Decreto Foral Legislativo 251/1993, se llevará a cabo mediante la reserva de vacantes en las pruebas selectivas de ingreso para su provisión en turno restringido entre los funcionarios pertenecientes a cualquiera de las Administraciones Públicas de Navarra, que reúna, entre los requisitos exigidos:

a) Pertenecer a nivel inferior al de las vacantes convocadas.

b) Poseer la titulación exigida en la convocatoria y acreditar cinco años de antigüedad reconocida en las Administraciones Públicas.

c) No hallarse en situación de excedencia voluntaria cuando se encuentre prestando servicios en otro puesto de trabajo de carácter fijo o temporal en la misma Administración convocante.

d) Superar las correspondientes pruebas selectivas.

25. Los funcionarios a los que se aplica el Texto Refundido del Estatuto del Personal al servicio de las Administraciones Públicas de Navarra:

a) Podrán ascender sucesivamente desde el grado 1 hasta el grado 7 de su respectivo nivel, cualquiera que sea la especialidad de su titulación, formación o profesión.

b) Ascenderán sucesivamente de grado, transcurridos 6 años y 7 meses de permanencia en el grado anterior.

c) Ascenderán sucesivamente de grado, transcurridos 7 años y 6 meses de permanencia en el grado anterior.

d) Ascenderán sucesivamente de grado, transcurridos 6 años de permanencia en el grado anterior.

26. Los funcionarios del nivel D de las Administraciones Públicas de Navarra, de acuerdo en el art. 12 del Texto Refundido aprobado por el Decreto Foral Legislativo 251/1993, desarrollarán tareas:

a) Directivas o profesionales, para cuyo ejercicio se requiera título universitario.

b) De asistencia subalterna.

c) De ejecución.

d) Auxiliares o análogas.

27. Para participar en las pruebas para la promoción de nivel, los funcionarios de las Administraciones Públicas de Navarra de los niveles C, D y E, conforme al art. 15 del Texto Refundido aprobado por el Decreto Foral Legislativo 251/1993, deben cumplir, entre otros requisitos, el de:

a) Pertenecer a inferior nivel al de las vacantes convocadas.

b) Poseer la titulación exigida en la convocatoria y acreditar dos años de antigüedad reconocida en las Administraciones Públicas.

c) Acreditar seis años de antigüedad reconocida en las Administraciones Públicas, si no se posee la titulación exigida en la convocatoria.

d) Las tres respuestas anteriores son ciertas.

28. Los funcionarios de las Administraciones Públicas de Navarra, a los que se refiere el artículo 12 del Texto Refundido aprobado por el Decreto Foral Legislativo 251/1993, se integrarán, de acuerdo con la titulación requerida para su ingreso y las funciones que desempeñen, en alguno de los:

a) 4 niveles existentes.
b) 5 niveles existentes.
c) 6 niveles existentes.
d) 7 niveles existentes.

29. La retribución correspondiente al grado del funcionario, al que se le aplica el Texto Refundido del Estatuto del Personal al servicio de las Administraciones Públicas de Navarra, consistirá en un porcentaje acumulativo del sueldo inicial del respectivo nivel. ¿Cuál es?

a) Del 9 por ciento, incluido el grado 1.
b) Del 9 por ciento, a partir del grado 2.
c) Del 10 por ciento, a partir del grado 2.
d) Del 11 por ciento, a partir del grado 2.

30. Los funcionarios, en el ámbito de aplicación del Texto Refundido del Estatuto del Personal al servicio de las Administraciones Públicas de Navarra, que se hallen en situación de suspensión provisional sólo tendrán derecho a percibir las retribuciones que les correspondan en concepto de:

a) Ayuda familiar.
b) Sueldo inicial de su respectivo nivel y ayuda familiar.
c) Sueldo inicial de su respectivo nivel, grado y ayuda familiar.
d) Sueldo inicial de su respectivo nivel, grado, premio por antigüedad y ayuda familiar.

31. Para desempeñar cargos directivos en partidos políticos u organizaciones sindicales o profesionales que sean incompatibles con el ejercicio de la función pública, por personal funcionario al que se aplica el Texto Refundido del Estatuto del Personal al servicio de las Administraciones Públicas de Navarra, procederá declarar:

a) La excedencia voluntaria, a petición del mismo.
b) La excedencia especial.
c) La excedencia forzosa.
d) La situación de servicios especiales.

32. Las retribuciones personales básicas de los funcionarios a los que se les aplica el Texto Refundido del Estatuto del Personal al servicio de las Administraciones Públicas de Navarra son, exclusivamente:

a) Sueldo inicial del correspondiente grado y retribución correspondiente al nivel.
b) Sueldo inicial y premio de antigüedad.
c) Sueldo inicial del correspondiente nivel, retribución correspondiente al grado y premio de antigüedad.
d) Sueldo inicial del correspondiente nivel o grupo, y premio de antigüedad.

33. Las retribuciones anuales de los funcionarios a los que se les aplica el Texto Refundido del Estatuto del Personal al servicio de las Administraciones Públicas de Navarra, se abonarán en:

a) 12 pagas.
b) 13 pagas.
c) 14 pagas.
d) 15 pagas.

34. En concepto de ayuda familiar por cada hijo menor de edad no emancipado, se abonará a los funcionarios a los que se les aplica el Texto Refundido del Estatuto del Personal al servicio de las Administraciones Públicas de Navarra, una cantidad anual que se calculará aplicando al sueldo inicial del nivel E:

a) Un porcentaje del 3,50%.
b) Un porcentaje del 3,00%.
c) Un porcentaje del 15,00%.
d) Un porcentaje del 30%.

35. Es retribución personal básica de los funcionarios a los que se les aplica el Texto Refundido del Estatuto del Personal al servicio de las Administraciones Públicas de Navarra:

a) La indemnización por los gastos realizados por razón del servicio.
b) La retribución correspondiente al grado.
c) La ayuda familiar.
d) La compensación por horas extraordinarias.

36. Los funcionarios a los que se les aplica el Texto Refundido del Estatuto del Personal al servicio de las Administraciones Públicas de Navarra, en situación de servicio activo están obligados:

a) A sustituir en sus funciones a sus compañeros ausentes del servicio, incluidos los superiores.
b) Al ascenso y a la promoción.
c) A residir en la localidad de su destino, en cualquier caso.
d) A suscribir un plan de pensiones.

37. De acuerdo con el Texto Refundido aprobado por el Decreto Foral Legislativo 251/1993, las Administraciones Públicas de Navarra podrán convocar procesos de movilidad interna, dentro del ámbito de adscripción del personal a su servicio, que se realizarán con una periodicidad:

a) Anual conforme a las disposiciones que se dicten reglamentariamente.
b) Bienal conforme a las disposiciones que se dicten reglamentariamente.
c) Anual conforme a las disposiciones que se dicten legalmente.
d) Bienal conforme a las disposiciones que se dicten legalmente.

38. Es falso decir, en relación a la empleada al servicio de las Administraciones Públicas de Navarra víctima de violencia sobre la mujer a la que se aplica el Texto Refundido aprobado por el Decreto Foral Legislativo 251/1993, que se vea obligada a abandonar el puesto de trabajo en la localidad donde venía prestando sus servicios para hacer efectiva su protección o su derecho a la asistencia social integral, que:

a) Tendrá derecho preferente a ocupar otro puesto de trabajo propio de su categoría profesional sin necesidad de que sea vacante de necesaria cobertura y sin sufrir merma alguna en sus retribuciones.

b) El órgano competente estará obligado a comunicarle las vacantes ubicadas en la misma localidad o localidades que la interesada expresamente solicite.

c) El traslado tendrá una duración inicial de seis meses, ampliables hasta el final del curso escolar para el personal docente.

d) Siempre que esté acreditada conforme al artículo 4 de la Ley Foral 14/2015, de 10 de abril, podrá solicitar su movilidad a otra Administración Pública, pero sólo dentro de la Comunidad Foral de Navarra.

39. El personal funcionario de las Administraciones Públicas de Navarra al que se aplica el Texto Refundido del Estatuto aprobado por el Decreto Foral Legislativo 251/1993, tendrá derecho al disfrute de:

a) Dos días adicionales de vacaciones al alcanzar quince años de antigüedad.
b) Tres días adicionales de vacaciones al alcanzar veinte años de antigüedad.
c) Cuatro días adicionales de vacaciones al alcanzar treinta años de antigüedad.
d) Las tres opciones anteriores son ciertas.

40. Excepcionalmente, la reducción de jornada de trabajo al personal funcionario al que se aplica el Texto Refundido el Estatuto del Personal al servicio de las Administraciones Públicas de Navarra, sin reducción de las retribuciones, para el cuidado del hijo o hija afectado por cáncer o por otra enfermedad grave que requiera la necesidad de su cuidado directo, continuo y permanente, durante el tratamiento continuado de la enfermedad, haya precisado o no de hospitalización previa, podrá alcanzar un porcentaje superior, como máximo hasta:

a) el 50 por ciento.
b) El 65 por ciento
c) El 99,99 por ciento, cuando se acredite debidamente su necesidad para tal fin.
d) El 100 por cien, cuando se acredite debidamente su necesidad para tal fin.

41. A los funcionarios en el ámbito de aplicación del Texto Refundido del Estatuto del Personal al servicio de las Administraciones Públicas de Navarra:

a) Les está prohibida la residencia en una localidad distinta de la de su destino.
b) La residencia en una localidad distinta de la de su destino les implicará compensación por el desplazamiento al lugar de trabajo.

c) No se les podrá exigir en ningún caso, por las Administraciones Públicas, la residencia en la localidad de su destino.

d) Ninguna de las opciones anteriores es cierta.

42. De acuerdo con el art. 57 del Texto Refundido del Estatuto del Personal al servicio de las Administraciones Públicas de Navarra:

a) Los funcionarios públicos no podrán invocar o hacer uso de su condición de tales para el ejercicio de actividades mercantiles, industriales o profesionales.

b) El desempeño de la función pública será incompatible con el ejercicio de cualquier cargo, profesión o actividad privados, en todo caso.

c) El desempeño de la función pública será incompatible con el ejercicio de cualquier cargo, profesión o actividad públicos, en todo caso.

d) Será compatible el desempeño de la función pública con el ejercicio de cualquier cargo, profesión o actividad honoríficos, en todo caso.

43. Es falso que sea retribución complementaria del puesto de trabajo de los funcionarios en el ámbito de aplicación del Texto Refundido del Estatuto del Personal al servicio de las Administraciones Públicas de Navarra:

a) El complemento de dedicación exclusiva.

b) El complemento por el desplazamiento al lugar de trabajo.

c) El complemento de prolongación de jornada.

d) El complemento de especial riesgo.

44. ¿Podrán devengar horas extraordinarias los funcionarios del ámbito de aplicación del Texto Refundido del Estatuto del Personal al servicio de las Administraciones Públicas de Navarra, que perciban el complemento de dedicación exclusiva?

a) No.

b) Sí, siendo retribuidas en la forma y cuantía que reglamentariamente se determinen.

c) Sí, siendo retribuidas en la forma y cuantía que legalmente se determinen.

d) Sí, y también por los servicios retribuidos con el complemento de prolongación de jornada.

45. El desempeño de la función pública por los funcionarios, en el ámbito de aplicación del Texto Refundido del Estatuto del Personal al servicio de las Administraciones Públicas de Navarra, será incompatible con el ejercicio de cualquier cargo, profesión o actividad, públicos o privados, por cuenta propia o ajena, retribuidos o meramente honoríficos, que:

a) Impidan o menoscaben el estricto cumplimiento de los deberes del funcionario.

b) Comprometan su imparcialidad o su independencia.

c) Perjudiquen los intereses generales.

d) Las tres opciones anteriores son ciertas.

46. El sueldo inicial de los funcionarios del nivel C de las Administraciones Públicas de Navarra, en el ámbito de aplicación del Texto Refundido aprobado por el Decreto Foral Legislativo 251/1993, tendrá un índice de proporcionalidad:

a) 1,15.
b) 1,35.
c) 1,65.
d) 2.

47. La cuantía del complemento de dedicación exclusiva, de los funcionarios en el ámbito de aplicación del Texto Refundido del Estatuto del Personal al servicio de las Administraciones Públicas de Navarra, consistirá en un porcentaje del sueldo inicial del correspondiente nivel del:

a) 35%.
b) 40%.
c) 55%.
d) 75%.

48. Es una retribución complementaria del puesto de trabajo de los funcionarios en el ámbito de aplicación del Texto Refundido del Estatuto del Personal al servicio de las Administraciones Públicas de Navarra:

a) La retribución del correspondiente grado.
b) El premio de antigüedad.
c) La ayuda familiar.
d) El complemento de puesto de trabajo.

49. Al cumplir el 5.º quinquenio el premio de antigüedad a un funcionario, en el ámbito de aplicación del Texto Refundido del Estatuto del Personal al servicio de las Administraciones Públicas de Navarra, se abonará el siguiente porcentaje del sueldo inicial de nivel E:

a) 5,5%.
b) 7%.
c) 8%.
d) 9%.

50. La cuantía del complemento de incompatibilidad de un funcionario, en el ámbito de aplicación del Texto Refundido del Estatuto del Personal al servicio de las Administraciones Públicas de Navarra, consistirá en un porcentaje del sueldo inicial del correspondiente nivel del:

a) 35%.
b) 40%.

c) 55%.
d) 75%.

51. Es falso que los funcionarios en situación de servicio activo a los que se les aplica el Texto Refundido del Estatuto del Personal al servicio de las Administraciones Públicas de Navarra, estén obligados a:

a) Servir con objetividad los intereses generales, cumpliendo de modo fiel, estricto, imparcial y diligente las funciones propias de su cargo.

b) Responsabilizarse con su firma de los informes, proyectos o actuaciones profesionales que realicen en el ejercicio de su cargo.

c) Invocar su condición de tales para el ejercicio de actividades mercantiles, industriales o profesionales.

d) Contribuir a la financiación del régimen de derechos pasivos.

52. A un funcionario, al que se le aplica el Texto Refundido del Estatuto del Personal al servicio de las Administraciones Públicas de Navarra, que tenga 2 hijos menores de edad no emancipados, se le abonará, en concepto de ayuda familiar, una cantidad anual que se calculará aplicando al sueldo inicial del nivel E un porcentaje del:

a) 3%.
b) 3,50%.
c) 6%
d) 30%.

Solución al test n.º 10

1. c) Decreto Foral Legislativo.

2. d) Las respuestas a) y b) son ciertas.

3. d) Las tres opciones anteriores son ciertas.

4. b) Administrativo o laboral.

5. b) Los funcionarios públicos, el personal eventual y el personal contratado.

6. a) Funcionarios Públicos.

7. b) El personal al servicio de las Entidades Locales de Navarra con las especificidades establecidas para el mismo en la Ley Foral 6/1990, de 2 de julio.

8. c) El Título II.

9. c) Sí, siempre que no estén separados de derecho.

10. d) Las tres opciones anteriores son válidas.

11. d) Las opciones a) y b) son ciertas.

12. c) Poseer la capacidad física y psíquica necesaria para el ejercicio de las correspondientes funciones.

13. a) La toma de posesión.

14. d) Las tres opciones anteriores son ciertas.

15. a) Excedencia voluntaria por interés particular.

16. b) Servicio activo, servicios especiales, excedencia y suspensión.

17. d) Voluntaria, especial o forzosa.

18. b) Dos años, contados desde la toma de posesión de la plaza.

19. a) 3 años.

20. d) Las respuestas a) y b) son correctas.

21. d) Provisional y firme.

22. b) La excedencia.

23. d) Las tres respuestas anteriores son ciertas.

24. c) No hallarse en situación de excedencia voluntaria cuando se encuentre prestando servicios en otro puesto de trabajo de carácter fijo o temporal en la misma Administración convocante.

25. b) Ascenderán sucesivamente de grado, transcurridos 6 años y 7 meses de permanencia en el grado anterior.

26. d) Auxiliares o análogas.

27. a) Pertenecer a inferior nivel al de las vacantes convocadas.

28. b) 5 niveles existentes.

29. b) Del 9 por ciento, a partir del grado 2.

30. d) Sueldo inicial de su respectivo nivel, grado, premio por antigüedad y ayuda familiar.

31. a) La excedencia voluntaria, a petición del mismo.

32. c) Sueldo inicial del correspondiente nivel, retribución correspondiente al grado y premio de antigüedad.

33. c) 14 pagas.

34. b) Un porcentaje del 3,00%.

35. b) La retribución correspondiente al grado.

36. a) A sustituir en sus funciones a sus compañeros ausentes del servicio, incluidos los superiores.

37. b) Bienal conforme a las disposiciones que se dicten reglamentariamente.

38. d) Siempre que esté acreditada conforme al artículo 4 de la Ley Foral 14/2015, de 10 de abril, podrá solicitar su movilidad a otra Administración Pública, pero sólo dentro de la Comunidad Foral de Navarra.

39. c) Cuatro días adicionales de vacaciones al alcanzar treinta años de antigüedad.

40. c) El 99,99 por ciento, cuando se acredite debidamente su necesidad para tal fin.

41. d) Ninguna de las opciones anteriores es cierta.

42. a) Los funcionarios públicos no podrán invocar o hacer uso de su condición de tales para el ejercicio de actividades mercantiles, industriales o profesionales.

43. b) El complemento por el desplazamiento al lugar de trabajo.

44. a) No.

45. d) Las tres opciones anteriores son ciertas.

46. b) 1,35.

47. c) 55%.

48. d) El complemento de puesto de trabajo.

49. c) 8%.

50. a) 35%.

51. c) Invocar su condición de tales para el ejercicio de actividades mercantiles, industriales o profesionales.

52. c) 6%

TEST N.º 11

Ley Foral 13/2007, de 4 de abril, de la Hacienda Pública de Navarra: Del Ámbito de Aplicación y de la Hacienda Pública de Navarra. Los Presupuestos Generales de Navarra: contenido y aprobación; ejecución y liquidación

1. El régimen de la Hacienda Pública de Navarra está previsto en la Ley Foral 13/2007 en el Capítulo:

a) 3.
b) 2.
c) 1.
d) 4.

2. A efectos del régimen presupuestario, forman parte del sector público foral de Navarra:

a) El Parlamento de Navarra.
b) El Consejo de Navarra.
c) Las entidades públicas empresariales de la Administración de la Comunidad Foral de Navarra.
d) Todas las respuestas anteriores son correctas.

3. No se regularán mediante Ley Foral:

a) El régimen patrimonial de la Comunidad Foral.
b) El establecimiento de tributos.
c) Las transferencias de crédito.
d) El régimen de contratación de la Comunidad Foral.

4. Constituyen un derecho de naturaleza pública:

a) Los rendimientos o productos de cualquier naturaleza de sus bienes patrimoniales.
b) Los tributos.
c) Los adquiridos por herencia o legado.
d) Los recibidos por donación.

5. El procedimiento de apremio no se suspenderá inmediatamente:

a) En el caso de que se pudiera producir un perjuicio irreparable en el deudor.
b) Cuando el interesado demuestre que se ha producido un error material.
c) Cuando la deuda haya prescrito o haya sido ingresada.
d) Cuando la deuda haya sido condonada, compensada, aplazada o suspendida.

6. Se dispensa de garantía en caso de aplazamiento cuando la deuda sea por un importe inferior a:

a) 12.000 euros.
b) 10.000 euros.
c) 8.000 euros.
d) 6.000 euros.

7. Podrán extinguirse mediante compensación cuantas deudas tengan entre sí los entes integrantes del sector público foral y sean:

a) Vencidas.
b) Líquidas y exigibles.
c) Vencidas y exigibles.
d) Vencidas, líquidas y exigibles.

8. El derecho de la Hacienda Pública Foral de Navarra a reconocer o liquidar créditos a su favor prescribe a los:

a) 3 años.
b) 4 años.
c) 5 años.
d) Nunca.

9. El mínimo a liquidar es de:

a) 10 euros.
b) 20 euros.
c) 30 euros.
d) 50 euros.

10. Las obligaciones de la Hacienda Pública de Navarra sólo son exigibles cuando resulten:

a) De la ejecución de los Presupuestos Generales de Navarra.
b) De sentencia judicial firme.
c) De operaciones financieras legalmente autorizadas.
d) Todas las respuestas anteriores son correctas.

11. La materialización del pago en el cumplimiento de resoluciones judiciales deberá realizarse:

a) Dentro de los dos meses siguientes al día de la notificación de la resolución.
b) Dentro de los tres meses siguientes al día de la notificación de la resolución.
c) Dentro del mes siguiente al día de la notificación de la resolución.
d) Dentro de los seis meses siguientes al día de la notificación de la resolución.

12. El derecho a exigir de la Hacienda Pública de Navarra el reconocimiento o liquidación de todas aquellas obligaciones cuyo reconocimiento o liquidación no se hubiese solicitado con presentación de los documentos acreditativos del cumplimiento de los requisitos exigidos para ello prescribirán a los:

a) 3 años.
b) 4 años.
c) 5 años.
d) Nunca. Son imprescriptibles.

13. Los Presupuestos Generales de Navarra:

a) Constituyen la expresión cifrada, conjunta y sistemática de los derechos y obligaciones a liquidar durante el ejercicio por cada uno de los órganos y entidades que forman parte del sector público foral definido en el artículo 2 de esta Ley Foral.
b) Constituyen la expresión contable, conjunta y sistemática de los derechos y obligaciones a liquidar durante el ejercicio por cada uno de los órganos y entidades que forman parte del sector público foral definido en el artículo 2 de esta Ley Foral.
c) Constituyen la expresión cifrada, conjunta y sistemática de las obligaciones a liquidar durante el ejercicio por cada uno de los órganos y entidades que forman parte del sector público foral definido en el artículo 2 de esta Ley Foral.
d) Constituyen la expresión cifrada, contable, conjunta y sistemática de los derechos y obligaciones a liquidar durante el ejercicio por cada uno de los órganos y entidades que forman parte del sector público foral definido en el artículo 2 de esta Ley Foral.

14. Al proyecto de ley de presupuesto se acompaña:

a) La cuenta consolidada de los presupuestos.
b) Una relación de los créditos para inversiones reales que deban tener continuidad en ejercicios sucesivos.
c) El estado de ejecución de los presupuestos vigentes al término del tercer trimestre y las previsiones de ejecución.
d) Todas las respuestas anteriores son correctas.

15. El presupuesto se prorroga si el nuevo no es aprobado antes de:

a) 30 de noviembre.
b) 31 de diciembre.

c) 1 de enero.
d) 15 de enero.

16. El acto por el cual se manifiesta la intención de realizar un gasto por cuantía cierta o aproximada, con cargo a un determinado crédito se denomina:

a) Autorización del gasto.
b) Disposición del gasto.
c) Materialización del pago.
d) Propuesta de pago.

17. El reconocimiento de la obligación es:

a) El acto por el cual, previos los trámites legales procedentes, se adquiere un compromiso económico con un tercero determinado, reservándose el crédito por cuantía cierta.
b) El acto mediante el cual se contrae en firme un compromiso de pago, con cargo al crédito reservado a tal fin, por haberse cumplido las condiciones recogidas en la disposición del gasto.
c) La operación por la que se expide una propuesta de pago contra la Tesorería.
d) La transferencia bancaria en pago de la obligación contraída.

18. El plazo de rendición de las cuentas en los pagos a justificar es de:

a) 15 días.
b) 1 mes.
c) 45 días.
d) 2 meses.

19. La aprobación o reparo de la cuenta por el órgano competente de los documentos justificativos se llevará a cabo:

a) En los 15 días siguientes a la fecha de aportación de los documentos justificativos.
b) En el mes siguiente a la fecha de aportación de los documentos justificativos.
c) En los dos meses siguientes a la fecha de aportación de los documentos justificativos.
d) En los tres meses siguientes a la fecha de aportación de los documentos justificativos.

20. La liquidación de los Presupuestos de cada ejercicio, en cuanto al reconocimiento de derechos y obligaciones, se efectuará el:

a) 31 de enero del año siguiente al que corresponde.
b) 31 de diciembre del año natural correspondiente.
c) 30 de noviembre del año natural correspondiente.
d) 15 de enero del año siguiente al que corresponde.

Solución al test n.º 11

1. b) 2.

2. d) Todas las respuestas anteriores son correctas.

3. c) Las transferencias de crédito.

4. b) Los tributos.

5. a) En el caso de que se pudiera producir un perjuicio irreparable en el deudor.

6. d) 6.000 euros.

7. d) Vencidas, líquidas y exigibles.

8. b) 4 años.

9. c) 30 euros.

10. d) Todas las respuestas anteriores son correctas.

11. b) Dentro de los tres meses siguientes al día de la notificación de la resolución.

12. b) 4 años.

13. a) Constituyen la expresión cifrada, conjunta y sistemática de los derechos y obligaciones a liquidar durante el ejercicio por cada uno de los órganos y entidades que forman parte del sector público foral definido en el artículo 2 de esta Ley Foral.

14. d) Todas las respuestas anteriores son correctas.

15. c) 1 de enero.

16. a) Autorización del gasto.

17. b) El acto mediante el cual se contrae en firme un compromiso de pago, con cargo al crédito reservado a tal fin, por haberse cumplido las condiciones recogidas en la disposición del gasto.

18. d) 2 meses.

19. b) En el mes siguiente a la fecha de aportación de los documentos justificativos.

20. b) 31 de diciembre del año natural correspondiente.

TEST N.º 12

La Ley Foral 5/2018, de 17 de mayo, de Transparencia, Acceso a la Información Pública y Buen Gobierno: Disposiciones Generales. Ley Orgánica 3/2018, de 5 de diciembre, de Protección de Datos Personales y garantía de los derechos digitales. Disposiciones Generales. Principios de protección de datos. Derechos de las personas. La Ley Orgánica 3/2007, de 22 de marzo, para la igualdad efectiva de hombres y mujeres: El principio de igualdad y la tutela contra la discriminación. La Ley Foral 17/2019, de 4 de abril, de igualdad entre mujeres y hombres

1. Conforme al artículo 1.2 de la *Ley Foral 5/2018, de 17 de mayo, de Transparencia, Acceso a la Información Pública y Buen Gobierno*, es un fin de esta ley mejorar la organización, clasificación y manejo de:

a) Los recursos de la Comunidad Foral.
b) Los organismos públicos.
c) La información pública.
d) La normativa foral.

2. Según su artículo 3, la L.F. 5/2018 será aplicable, en cuanto a sus normas de transparencia a las entidades privadas que perciban, durante el periodo de un año, ayudas o subvenciones en una cuantía superior a (a partir de):

a) 20.000 euros.
b) 50.000 euros.
c) 100.000 euros.
d) 120.000 euros.

3. La *Ley Foral 5/2018, de 17 de mayo, de Transparencia, Acceso a la Información Pública y Buen Gobierno* define como "el uso de datos, información y documentos que obran en poder de las Administraciones y organismos del sector público, por personas físicas o jurídicas, con fines comerciales o no comerciales, siempre que dicho uso no constituya una actividad administrativa pública y que el mismo no esté sujeto a las limitaciones establecidas legalmente", al siguiente término:

a) Publicidad activa.
b) Reutilización.

c) Apertura de datos.

d) Acceso a la información pública.

4. En virtud de qué principio, las reglas del procedimiento para acceder a la información pública deben facilitar el ejercicio del derecho, no pudiendo constituir aquellas, en sí mismas, un obstáculo para dicho acceso:

a) Principio de accesibilidad.

b) Principio de eliminación de la brecha digital.

c) Principio de participación y colaboración ciudadanas.

d) Principio antiformalista del procedimiento.

5. La LF 5/2018, define la transparencia como:

a) Forma de funcionamiento capaz de entablar una permanente conversación con los ciudadanos y ciudadanas con el fin de escuchar lo que dicen y solicitan.

b) La obligación de difundir de forma permanente, veraz y objetiva aquella información pública que resulte relevante para garantizar la difusión de la actividad pública y la acción de gobierno.

c) Valor esencial del sistema de Gobierno Abierto, que impregna toda la actividad y organización de los sujetos obligados que tienen el deber de poner a disposición de la ciudadanía, legítima propietaria de la información pública, bien de manera proactiva, bien previa solicitud, la información pública que posean y de dar a conocer el proceso y las decisiones adoptadas de acuerdo a su competencia, así como las acciones en el ejercicio de sus funciones y la evaluación de las mismas.

d) La posibilidad de acceder a la información pública que obre en poder de las entidades contempladas en el ámbito de aplicación de la presente ley foral, con seguridad sobre su veracidad y sin más requisitos y condiciones que los establecidos en la normativa básica estatal y en esta ley foral.

6. El artículo 4 de la LO 3/2018 señala que, conforme al artículo 5.1.d) del Reglamento (UE) 2016/679, los datos serán exactos y, si fuere necesario:

a) Actualizados.

b) Aproximados.

c) Normalizados.

d) Digitalizados.

7. Conforme al artículo 5.1 de la LO 3/2018, estarán sujetas al deber de confidencialidad:

a) Únicamente los responsables del tratamiento.

b) Los responsables y encargados del tratamiento.

c) Los responsables y encargados del tratamiento de datos así como todas las personas que intervengan en cualquier fase de este.

d) Los responsables y encargados del tratamiento de datos así como todas las personas que intervengan en todas las fases de este.

8. Conforme a los artículos 4.11 del RGPD y 6.1 de la LO 3/2018, se entiende por *consentimiento del afectado* **la aceptación, ya sea mediante una declaración o una clara acción afirmativa, del tratamiento de datos personales que le conciernen manifestada por voluntad libre, de forma específica, informada e/y:**

a) Detallada.
b) Unitaria.
c) Inequívoca.
d) Por escrito.

9. Cuando se pretenda fundar el tratamiento de los datos en el consentimiento del afectado para una pluralidad de finalidades:

a) Será preciso que conste de manera específica e inequívoca que dicho consentimiento se otorga para todas ellas.
b) Será necesario demostrar que el afectado consintió expresamente e inequívocamente en alguna de las finalidades y, que el resto de finalidades están claramente relacionadas con aquella.
c) El responsable debe demostrar la adecuación de las distintas finalidades a un único objeto.
d) El consentimiento del afectado sólo puede afectar a una finalidad. Cada finalidad precisa un consentimiento propio e independiente.

10. Según el artículo 8.1 de la LO 3/2018, el tratamiento de datos personales solo podrá considerarse fundado en el cumplimiento de una obligación legal exigible al responsable:

a) Cuando así lo prevea una norma de Derecho de la Unión Europea o una norma con rango de ley.
b) Cuando el tratamiento se considere una misión realizada en interés público.
c) Cuando se trate del ejercicio de poderes públicos conferidos al responsable.
d) Cuando el responsable sea un órgano u organismo público.

11. Conforme al artículo 9 de la *LO 3/2018, de 5 de diciembre, de Protección de Datos Personales y garantía de los derechos digitales***, cuál de los siguientes tratamientos de categorías especiales de datos fundados en el Derecho español deberá estar amparado en una norma con rango de ley:**

a) Tratamiento necesario con fines de archivo en interés público, fines de investigación científica o histórica.
b) Tratamiento efectuado, en el ámbito de sus actividades legítimas y con las debidas garantías, por una fundación, una asociación o cualquier otro organismo sin ánimo de lucro, cuya finalidad sea política, filosófica, religiosa o sindical, siempre que el tratamiento se refiera exclusivamente a los miembros actuales o antiguos de tales organismos o a personas que mantengan contactos regulares con ellos en relación con sus fines y siempre que los datos personales no se comuniquen fuera de ellos sin el consentimiento de los interesados

c) Tratamiento necesario para fines de medicina preventiva o laboral, evaluación de la capacidad laboral del trabajador, diagnóstico médico, prestación de asistencia o tratamiento de tipo sanitario o social, o gestión de los sistemas y servicios de asistencia sanitaria y social.

d) Tratamiento referido a datos personales que el interesado ha hecho manifiestamente públicos.

12. Uno de los objetos de la Ley Orgánica 3/2018, de 5 de diciembre, de Protección de Datos Personales y garantía de los derechos digitales, es:

a) Adaptar el ordenamiento jurídico español al Reglamento General de Protección de Datos y completar sus disposiciones.

b) Establecer las normas relativas a la protección de las personas físicas en lo que respecta al tratamiento de los datos personales y las normas relativas a la libre circulación de tales datos.

c) Adaptar el Reglamento General de Protección de Datos al ordenamiento jurídico español y completar sus disposiciones.

d) Garantizar la seguridad de la transferencia de datos entre países de la Unión Europea.

13. Según el artículo 12.4 de la LO 3/2018, la prueba del cumplimiento del deber de responder a la solicitud de ejercicio de sus derechos formulado por el afectado recaerá:

a) Sobre el responsable del tratamiento.

b) Sobre el encargado del tratamiento.

c) Bien sobre el responsable o bien sobre el encargado.

d) Sobre el representante legal del afectado.

14. En relación al derecho de acceso, el artículo 13 de la LO 3/2018 dispone que:

a) Cuando el responsable trate una gran cantidad de datos relativos al afectado y este ejercite su derecho de acceso sin especificar si se refiere a todos o a una parte de los datos, el responsable deberá facilitar la totalidad de los datos.

b) El derecho de acceso se entenderá otorgado si el responsable del tratamiento facilitara al afectado un sistema de acceso remoto, directo y seguro a los datos personales que garantice, temporalmente, el acceso a su totalidad.

c) Se podrá considerar repetitivo el ejercicio del derecho de acceso en más de una ocasión durante el plazo de seis meses, a menos que exista causa legítima para ello.

d) Cuando el afectado elija un medio distinto al que se le ofrece deberá asumir los costes que su elección comporte.

15. Según su artículo 1, la LO 3/2007 tiene por objeto hacer efectivo el derecho de:

a) Conciliación de la vida laboral y familiar de mujeres y hombres.

b) Igualdad de trato y de oportunidades entre mujeres y hombres.

c) Participación en los asuntos públicos en igualdad de condiciones.

d) No discriminación por razón de sexo.

16. Las obligaciones establecidas en la LO 3/2007 son de aplicación a:

a) A toda persona, física o jurídica, que se encuentre o actúe en territorio español, cualquiera que fuese su nacionalidad, domicilio o residencia.

b) A todos los ciudadanos españoles, ya sea en territorio español o territorio de cualquier país extranjero.

c) A toda persona, física o jurídica, que se encuentre o actúe en territorio español, con nacionalidad española.

d) A toda persona, física o jurídica, que resida en territorio español, cualquiera que fuese su nacionalidad.

17. Según el artículo 4 de la LO 3/2007, la igualdad de trato y de oportunidades entre mujeres y hombres:

a) Es un deber de las Administraciones Públicas.

b) Es una fuente formal del Derecho.

c) Es un principio informador del ordenamiento jurídico.

d) Es un objetivo fundamental del procedimiento administrativo.

18. Señalar la opción incorrecta. Según el artículo 3 de la LO 3/2007, el principio de igualdad de trato entre mujeres y hombres supone la ausencia de toda discriminación, directa o indirecta, por razón de sexo, y especialmente, las derivadas de:

a) La maternidad.

b) La tendencia sexual.

c) La asunción de obligaciones familiares.

d) El estado civil.

19. La situación en que se encuentra una persona que sea, haya sido o pudiera ser tratada, en atención a su sexo, de manera menos favorable que otra en situación comparable, se considera:

a) Discriminación directa.

b) Acoso sexual.

c) Discriminación indirecta.

d) Violencia de género.

20. Cualquier comportamiento realizado en función del sexo de una persona, con el propósito o el efecto de atentar contra su dignidad y de crear un entorno intimidatorio, degradante u ofensivo, constituye:

a) Discriminación directa.

b) Acoso sexual.

c) Acoso por razón de sexo.
d) Discriminación indirecta.

21. La capacidad y la legitimación para intervenir en los procesos civiles, sociales y contencioso-administrativos que versen sobre la defensa del derecho de igualdad entre mujeres y hombres, corresponden a:

a) La persona acosada, únicamente.
b) Cualquier ciudadano.
c) Las personas físicas y jurídicas con interés legítimo.
d) Cualquier persona jurídica.

22. ¿Cuál es la Ley Foral que regula, en el ámbito de la Comunidad Foral de Navarra, la igualdad entre Mujeres y Hombres?

a) LF 2/2011, de 11 de marzo.
b) LF 7/2004, de 16 de julio.
c) LF 4/2019, de 19 de febrero.
d) LF 17/2019, de 4 de abril.

23. ¿Cómo se denomina al acceso al mismo trato y oportunidades para el reconocimiento, goce o pleno ejercicio de los derechos humanos y las libertades fundamentales?

a) Igualdad sustantiva.
b) Perspectiva de género.
c) Transversalidad de género.
d) Corresponsabilidad.

24. La situación por la que las mujeres y hombres ocupan mayoritariamente determinadas profesiones, eligen determinados estudios o se distribuyen el uso del tiempo o del espacio, entre otros ámbitos, debido a roles y estereotipos de género se llama:

a) Brecha de género.
b) Discriminación múltiple.
c) Segregación ocupacional.
d) Desigualdad sustantiva.

25. Para fomentar la autonomía y participación de las mujeres como estrategia para avanzar hacia la justicia social y la consecución de la igualdad los poderes públicos de la Comunidad de Navarra deberán:

a) Garantizar la efectividad del principio constitucional.
b) Empoderar a las mujeres.

c) Promover acciones positivas.

d) Transversalizar el principio de igualdad.

26. Según el artículo 22 de LF 17/2019, todos los anteproyectos de ley foral, las disposiciones normativas de carácter general y los planes que se sometan a la aprobación del Gobierno de Navarra, así como las ordenanzas elaboradas por las Entidades Locales, deberán incorporar:

a) Acciones positivas para promover la consecución de la igualdad real y efectiva entre mujeres y hombres.

b) El principio de representación equilibrada.

c) Transparencia para avanzar en una sociedad democrática que visibilice las desigualdades para actuar contra ellas.

d) Un informe sobre impacto por razón de género.

27. El órgano consultivo y de participación superior en la Comunidad Foral de Navarra en materia de igualdad entre mujeres y hombres es:

a) Las Unidades de Igualdad.

b) El Instituto Navarro para la Igualdad.

c) El Consejo Navarro de Igualdad.

d) La Comisión Interdepartamental para la Igualdad.

28. ¿Qué organismo es el responsable de elaborar el Plan Estratégico para la Igualdad de Navarra?

a) Las Unidades de Igualdad.

b) El Instituto Navarro para la Igualdad.

c) El Consejo Navarro de Igualdad.

d) La Comisión Interdepartamental para la Igualdad.

29. ¿A quién corresponde promover las políticas necesarias para que el derecho a la igualdad entre mujeres y hombres sea una realidad en el ámbito territorial de la Comunidad Foral de Navarra?

a) Al Gobierno de Navarra.

b) Al Consejo Navarro de Igualdad.

c) Al Departamento de Presidencia del Gobierno de Navarra.

d) Al Instituto Navarro de Igualdad.

30. ¿A quién corresponde la competencia para la imposición de sanciones por infracciones leves o graves en materia de igualdad?

a) A la Consejera o Consejero del Departamento competente en materia de políticas de igualdad.

b) A la persona titular de la Dirección Gerente del Instituto Navarro para la Igualdad.

c) Al departamento de investigación del Gobierno de Navarra.
d) Al órgano competente dependiente del Ministerio Fiscal.

31. Los planes de igualdad de mujeres y hombres del sector público y de las empresas que gestionan servicios públicos, que serán negociados con la representación legal de su personal, deberán cumplir, entre otros, uno de los siguientes requisitos. Indica cuál:

a) Regular en el articulado la propia evaluación, que debe ser cuatrimestral.

b) Incluir medidas específicas para la adecuación, en su caso, a las peculiaridades del rol del padre y la madre.

c) Formar parte, como anexo, del plan de riesgos laborales de la correspondiente Administración Pública u organismos autónomos.

d) Fijar, previa elaboración de un diagnóstico de la situación, los objetivos concretos de igualdad efectiva a alcanzar, las estrategias y prácticas a adoptar para su consecución, así como el establecimiento de sistemas eficaces de seguimiento y evaluación de los objetivos fijados.

32. Para concretar las sanciones que proceda imponer y, en su caso, para graduar la cuantía de las multas y la duración de las sanciones temporales, las autoridades competentes mantendrán la proporción adecuada entre la gravedad del hecho constitutivo de la infracción. Uno de los criterios será:

a) El grado de parentesco con el infractor.
b) La discriminación múltiple y la victimización secundaria.
c) La trascendencia psicológica.
d) El pago de todos los tributos por parte del infractor.

33. Las infracciones graves en materia de igualdad prescriben:

a) A los seis meses.
b) A los tres meses.
c) Al año.
d) A los dos años.

34. A los efectos de la LF 17/2019, existe *reincidencia* cuando la persona responsable de las infracciones previstas en la misma sea sancionada mediante una resolución firme por otra infracción de la misma naturaleza en el plazo, a contar a partir de la notificación de la resolución, de:

a) 1 año.
b) 2 años.
c) 3 años.
d) 4 años.

35. El Gobierno de Navarra, las Administraciones Públicas, los organismos públicos vinculados o dependientes, así como las entidades, públicas o privadas, que gestionan servicios públicos deben aprobar, si no disponen ya de él, un plan de igualdad de oportunidades destinado a su personal, si tienen .... trabajadores/as:

a) Entre 10 y 20.
b) Entre 20 y 40.
c) 50 o más.
d) 50 o menos.

Solución al test n.º 12

1. c) La información pública.

2. a) 20.000 euros.

3. b) Reutilización.

4. d) Principio antiformalista del procedimiento.

5. c) Valor esencial del sistema de Gobierno Abierto, que impregna toda la actividad y organización de los sujetos obligados que tienen el deber de poner a disposición de la ciudadanía, legítima propietaria de la información pública, bien de manera proactiva, bien previa solicitud, la información pública que posean y de dar a conocer el proceso y las decisiones adoptadas de acuerdo a su competencia, así como las acciones en el ejercicio de sus funciones y la evaluación de las mismas.

6. a) Actualizados.

7. c) Los responsables y encargados del tratamiento de datos así como todas las personas que intervengan en cualquier fase de este.

8. c) Inequívoca.

9. a) Será preciso que conste de manera específica e inequívoca que dicho consentimiento se otorga para todas ellas.

10. a) Cuando así lo prevea una norma de Derecho de la Unión Europea o una norma con rango de ley.

11. c) Tratamiento necesario para fines de medicina preventiva o laboral, evaluación de la capacidad laboral del trabajador, diagnóstico médico, prestación de asistencia o tratamiento de tipo sanitario o social, o gestión de los sistemas y servicios de asistencia sanitaria y social.

12. a) Adaptar el ordenamiento jurídico español al Reglamento General de Protección de Datos y completar sus disposiciones.

13. a) Sobre el responsable del tratamiento.

14. c) Se podrá considerar repetitivo el ejercicio del derecho de acceso en más de una ocasión durante el plazo de seis meses, a menos que exista causa legítima para ello.

15. b) Igualdad de trato y de oportunidades entre mujeres y hombres.

16. a) A toda persona, física o jurídica, que se encuentre o actúe en territorio español, cualquiera que fuese su nacionalidad, domicilio o residencia.

17. c) Es un principio informador del ordenamiento jurídico.

18. b) La tendencia sexual.

19. a) Discriminación directa.

20. c) Acoso por razón de sexo.

21. c) Las personas físicas y jurídicas con interés legítimo.

22. c) 17/2019, de 4 de abril.

23. a) Igualdad sustantiva.

24. c) Segregación ocupacional.

25. b) Empoderar a las mujeres.

26. d) Un informe sobre impacto por razón de género.

27. c) El Consejo Navarro de Igualdad.

28. b) El Instituto Navarro para la Igualdad.

29. a) Al Gobierno de Navarra.

30. b) A la persona titular de la Dirección Gerente del Instituto Navarro para la Igualdad.

31. d) Fijar, previa elaboración de un diagnóstico de la situación, los objetivos concretos de igualdad efectiva a alcanzar, las estrategias y prácticas a adoptar para su consecución, así como el establecimiento de sistemas eficaces de seguimiento y evaluación de los objetivos fijados.

32. b) La discriminación múltiple y la victimización secundaria.

33. c) Al año.

34. a) 1 año.

35. c) 50 o más.

PARTE ESPECÍFICA

TEST N.º 1

Organización y funcionamiento de los centros educativos en la Comunidad Foral de Navarra: Decreto Foral 24/1997, de 10 de febrero, por el que se aprueba el reglamento orgánico de las escuelas públicas de educación infantil, colegios públicos de educación primaria y colegios públicos de educación infantil y primaria en el ámbito territorial de la Comunidad Foral de Navarra: título II y título III

1. El Reglamento Orgánico de las Escuelas Públicas de Educación Infantil, Colegios Públicos de Educación Primaria y Colegios Públicos de Educación Infantil y Primaria en el ámbito territorial de la Comunidad Foral de Navarra, se aprobó por:

a) Decreto Foral 24/1997, de 10 de febrero.
b) Decreto Foral 25/1997, de 10 de febrero.
c) Decreto Foral 28/2007, de 26 de marzo.
d) Decreto Foral 246/1991, de 24 de julio.

2. Respecto a todos los centros que impartan el primer ciclo de educación infantil en la Comunidad Foral de Navarra, será de aplicación:

a) El Decreto Foral 24/1997, de 10 de febrero.
b) El Decreto Foral 25/1997, de 10 de febrero.
c) El Decreto Foral 28/2007, de 26 de marzo.
d) Las respuestas a) y c) son ciertas.

3. No está entre los órganos de gobierno con los que contarán los Colegios Públicos de Educación Primaria en la Comunidad Foral de Navarra:

a) El Claustro de profesores.
b) El Consejo Escolar del Centro.
c) El Jefe de Estudios.
d) La Junta Electoral.

4. Es falso decir, conforme al Decreto Foral 24/1997, que el Consejo Escolar del Centro:

a) Se reunirá, como mínimo, una vez al cuatrimestre.
b) Se reunirá siempre que lo convoque el Jefe de Estudios.
c) Se reunirá siempre que lo solicite, al menos, un cuarto de sus miembros.
d) En todo caso, será preceptiva, una reunión a principio de curso y otra al final del mismo.

5. El Consejo Escolar del Centro, de acuerdo con el Decreto Foral 24/1997, adoptará los acuerdos:

a) Por mayoría simple, en todo caso.
b) Por mayoría simple, salvo en determinados casos.
c) Por mayoría absoluta, salvo en determinados casos.
d) Por dos tercios de sus componentes, en todo caso.

6. Es falso decir, conforme al Decreto Foral 24/1997, que el Claustro de Profesores:

a) Es el órgano de participación de la comunidad educativa en el funcionamiento del centro.
b) Tiene la responsabilidad de planificar, coordinar, decidir y, en su caso, informar sobre todos los aspectos docentes del centro.
c) Será presidido por el Director.
d) Estará integrado por la totalidad del profesorado que preste servicios docentes en el centro.

7. No es competencia del Consejo Escolar del centro, según el Decreto Foral 24/1997:

a) Elegir al Director.
b) Aprobar el Reglamento de Régimen Interior.
c) Decidir sobre la admisión del alumnado, con sujeción a la normativa vigente.
d) Aprobar los criterios pedagógicos para la elaboración del horario del alumnado.

8. De acuerdo con el Decreto Foral 24/1997, el equipo directivo de los centros con nueve o más unidades estará compuesto por:

a) Director, Secretario, Jefe de Estudios y Orientador.
b) Director, Secretario y Jefe de Estudios.
c) Director y Secretario.
d) Director.

9. Es falso que sea competencia del Jefe de Estudios, según el Decreto Foral 24/1997:

a) Ejercer, en todo caso, la jefatura del personal docente en todo lo relativo al régimen académico.
b) Sustituir al Director en caso de ausencia o enfermedad.
c) Coordinar e impulsar la participación del alumnado en el Centro.
d) Velar por el cumplimiento del Proyecto Educativo, Proyecto Curricular y Programación General Anual del Centro.

10. Es competencia del Secretario, conforme al Decreto Foral 24/1997:

a) Ordenar el régimen administrativo del centro, de conformidad con las directrices del Director.
b) Hacer la propuesta de distribución de los recursos económicos destinados por el Consejo Escolar a las actividades complementarias y extraescolares
c) Organizar los actos académicos.
d) Elaborar el proyecto de presupuesto del centro.

11. Conforme al Decreto Foral 24/1997, el Director será:

a) Elegido por el Claustro de profesores.
b) Nombrado por el Departamento de Presidencia, Función Pública, Interior y Justicia.
c) Nombrado por un período de cuatro años.
d) Nombrado en el primer trimestre del curso académico.

12. De acuerdo con el Decreto Foral 24/1997, entre los miembros del Consejo Escolar de los centros con nueve o más unidades, habrá:

a) Un representante de los padres y madres de alumnos.
b) Dos representantes de los padres y madres de alumnos.
c) Tres representantes de los padres y madres de alumnos.
d) Cinco representantes de los padres y madres de alumnos.

13. En los Colegios Públicos de Educación Primaria en Navarra con nueve o más de nueve unidades, contarán con el siguiente órgano de coordinación docente, entre otros:

a) Coordinador de Ciclo Formativo.
b) Comisión de Coordinación Pedagógica.
c) Departamento de Orientación.
d) Equipo docente de grupo.

14. En caso de ausencia o enfermedad del Jefe de Estudios o del Secretario de un Colegio Público de Educación Primaria en Navarra, se hará cargo provisionalmente de sus funciones:

a) El profesor que designe el Director, que informará de su decisión al Consejo Escolar.
b) El profesor que designe el Director, que informará de su decisión al Claustro de Profesores.
c) El profesor que designe el Claustro de Profesores.
d) El profesor que designe el Consejo Escolar.

15. Es falso decir, en relación con las Escuelas Públicas de Educación Infantil, los Colegios Públicos de Educación Primaria y los Colegios Públicos de Educación Infantil y Primaria en el ámbito territorial de la Comunidad Foral de Navarra, que:

a) En los Colegios bilingües en los que el elevado número de alumnos u otras circunstancias especiales así lo aconsejen, el Departamento de Educación podrá establecer Jefaturas de Estudios Adjuntas para atender una de las modalidades lingüísticas.

b) Contarán, entre otros órganos, con los que se determinen por el Decreto Foral para centros de características singulares.

c) Contarán con órganos de gobierno colegiados y unipersonales.

d) Los padres y madres de alumnos, el profesorado, el personal de administración y servicios y los Ayuntamientos participarán en la gestión de los centros a través del Consejo Escolar.

16. Se regulan los comedores escolares de los centros docentes públicos no universitarios de la Comunidad Foral de Navarra por:

a) El Decreto Foral 58/2024, de 29 de mayo.

b) El Decreto Foral 246/1991, de 24 de julio.

c) El Decreto Foral 67/2022, de 22 de junio.

c) La Orden Foral 52/2023, de 12 de junio.

17. Los órganos de gobierno a los que se refiere el Decreto Foral 24/1997:

a) Velarán para que las actividades de los centros se desarrollen de acuerdo con los principios y valores constitucionales.

b) Favorecerán la participación efectiva de todos los miembros de la comunidad educativa en la vida del centro, en su gestión y en su evaluación.

c) Velarán por el cumplimiento de los deberes correspondientes al alumnado, profesorado, padres y madres de los alumnos y personal de administración y servicios.

d) Las tres repuestas anteriores son ciertas.

18. Los padres y madres de alumnos, el profesorado, el personal de administración y servicios y los Ayuntamientos participarán en la gestión de los centros a los que se refiere el Decreto Foral 24/1997, a través:

a) De una Junta Electoral.

b) Del Equipo Directivo.

c) Del Consejo Escolar.

d) Del Claustro.

19. El Decreto Foral 28/2007, de 26 de marzo, será de aplicación a:

a) Todos los Colegios Públicos de Educación Primaria en el ámbito territorial de la Comunidad Foral de Navarra.

b) Todos los Colegios Públicos de Educación Infantil y Primaria en el ámbito territorial de la Comunidad Foral de Navarra.

c) Todos los centros que impartan el primer ciclo de educación infantil de acuerdo con las condiciones y requisitos establecidos en él.

d) Únicamente los centros privados que impartan el primer ciclo de educación infantil de acuerdo con las condiciones y requisitos establecidos en él.

20. Actualmente, en cuanto a recursos administrativos que se podrán interponer contra las decisiones de la Junta Electoral, en relación a la proclamación de candidatos electos del Consejo Escolar en un Colegio Público de Educación Primaria en el ámbito territorial de la Comunidad Foral de Navarra, hay que referirse a:

a) La Ley 40/2015, de 1 de octubre, de Régimen Jurídico del Sector Público.

b) La Ley 29/1998, de 13 de julio, reguladora de la Jurisdicción Contencioso-administrativa.

c) La Ley 39/2015, de 1 de octubre, del Procedimiento Administrativo Común de las Administraciones Públicas.

d) La Ley Foral 11/2019, de 11 de marzo, de la Administración de la Comunidad Foral de Navarra y del Sector Público Institucional Foral.

Solución al test n.º 1

1. a) Decreto Foral 24/1997, de 10 de febrero.

2. c) El Decreto Foral 28/2007, de 26 de marzo.

3. d) La Junta Electoral.

4. d) En todo caso, será preceptiva, una reunión a principio de curso y otra al final del mismo.

5. b) Por mayoría simple, salvo en determinados casos.

6. a) Es el órgano de participación de la comunidad educativa en el funcionamiento del centro.

7. d) Aprobar los criterios pedagógicos para la elaboración del horario del alumnado.

8. b) Director, Secretario y Jefe de Estudios.

9. a) Ejercer, en todo caso, la jefatura del personal docente en todo lo relativo al régimen académico.

10. a) Ordenar el régimen administrativo del centro, de conformidad con las directrices del Director.

11. c) Nombrado por un período de cuatro años.

12. d) Cinco representantes de los padres y madres de alumnos.

13. b) Comisión de Coordinación Pedagógica.

14. a) El profesor que designe el Director, que informará de su decisión al Consejo Escolar.

15. b) Contarán, entre otros órganos, por los que se determinen por el Decreto Foral para centros de características singulares.

16. a) El Decreto Foral 58/2024, de 29 de mayo.

17. d) Las tres repuestas anteriores son ciertas.

18. b) Del Consejo Escolar.

19. c) Todos los centros que impartan el primer ciclo de educación infantil de acuerdo con las condiciones y requisitos establecidos en él.

20. c) La Ley 39/2015, de 1 de octubre, del Procedimiento Administrativo Común de las Administraciones Públicas.

TEST N.º 2

Organización y funcionamiento de los centros educativos en la Comunidad Foral de Navarra: Decreto Foral 25/1997, de 10 de febrero, por el que se aprueba el reglamento orgánico de los institutos de educación secundaria en el ámbito territorial de la Comunidad Foral de Navarra: título II y título III

1. Es falso que, conforme al Decreto Foral 25/1997, los Institutos de Educación Secundaria cuenten entre sus órganos de gobierno con:

a) Consejo de Administración.
b) Claustro de profesores.
c) Consejo Escolar del Instituto.
d) Director.

2. Es falso decir que, conforme al Decreto Foral 25/1997, los Institutos de Educación Secundaria contará, en todo caso, entre sus órganos de gobierno unipersonales, con:

a) Jefe de Estudios.
b) Secretario o Administrador.
c) Vicedirector.
c) Director.

3. El Consejo Escolar de los Institutos de Educación Secundaria en la Comunidad Foral de Navarra con hasta 300 alumnos estará compuesto, entre otros miembros, por:

a) Tres representantes del alumnado.
b) Seis profesores elegidos por el Claustro.
c) Tres representantes de los padres y madres de los alumnos.
d) Un Administrador.

4. El Consejo Escolar de los Institutos de Educación Secundaria en la Comunidad Foral de Navarra se renovará:

a) Por mitades cada año de forma alternativa.
b) Por mitades cada dos años de forma alternativa.

c) Por entero cada dos años.
d) Por entero cada cuatro años.

5. ¿En qué plazo y por quién, a contar desde la fecha de proclamación de los candidatos electos, se convocará la sesión de constitución del Consejo Escolar de los Institutos de Educación Secundaria en la Comunidad Foral de Navarra?

a) En el plazo de diez días, por el Director.
b) En el plazo de diez días, por el Jefe de Estudios.
c) En el plazo de quince días, por el Jefe de Estudios.
d) En el plazo de quince días, por el Director.

6. El Claustro de profesores de los Institutos de Educación Secundaria en la Comunidad Foral de Navarra se reunirá:

a) Como mínimo, una vez al cuatrimestre.
b) Siempre que lo convoque el Director.
c) Siempre que lo solicite un cuarto, al menos, de sus miembros.
d) Las respuestas a) y c) son ciertas.

7. No es competencia del Claustro de profesores de un Instituto de Educación Secundaria en la Comunidad Foral de Navarra:

a) Elevar al Equipo Directivo propuestas para la elaboración del Proyecto Educativo del Instituto y de la Programación General Anual.
b) Establecer los criterios para la elaboración de los Proyectos Curriculares de etapa, aprobarlos, evaluarlos y decidir las posibles modificaciones posteriores de los mismos.
c) Aprobar los criterios pedagógicos para la elaboración del horario del alumnado.
d) Aprobar el Reglamento de Régimen Interior.

8. Es competencia del Consejo Escolar de un Instituto de Educación Secundaria en la Comunidad Foral de Navarra:

a) Elegir al Director del Instituto.
b) Elaborar el Calendario Escolar, conforme a las normas aprobadas por el Departamento de Educación.
c) Promover la renovación de las instalaciones y equipamiento escolar, y vigilar su conservación.
d) Las tres respuestas anteriores son ciertas.

9. No es competencia del Secretario de un Instituto de Educación Secundaria en la Comunidad Foral de Navarra:

a) Custodiar los libros y archivos del Instituto.
b) Expedir las certificaciones que soliciten las autoridades y los interesados.
c) Sustituir al Director en caso de ausencia o enfermedad.
d) Realizar el inventario general del Instituto y mantenerlo actualizado.

10. Los Institutos de Educación Secundaria en la Comunidad Foral de Navarra contarán, entre sus órganos de coordinación docente, con:

a) Departamento de Orientación Familiar.
b) Departamento de Acción Social.
c) Departamento de Actividades Profesionales Externas.
d) Servicio de Inspección Educativa.

11. Al frente de cada Departamento didáctico de un Instituto de Educación Secundaria en la Comunidad Foral de Navarra figurará:

a) Un jefe designado por el Director del Instituto, quien desempeñará su cargo durante un curso académico.
b) Un director designado por el Jefe del Instituto, quien desempeñará su cargo durante un curso académico.
c) Un director designado por el Jefe del Instituto, quien desempeñará su cargo durante dos cursos académicos.
d) Un Jefe de Estudios designado por el Director del Instituto, quien desempeñará su cargo durante un curso académico.

12. El Jefe del Departamento de Actividades Profesionales Externas de un Instituto de Educación Secundaria en la Comunidad Foral de Navarra será:

a) Un profesor, funcionario de carrera en situación de servicio activo con destino definitivo en el Instituto.
b) Un profesor, contratado laboral indefinido en situación de servicio activo con destino definitivo en el Instituto.
c) Un profesor, funcionario de carrera o contratado laboral indefinido en situación de servicio activo con destino definitivo en el Instituto.
c) Un funcionario de carrera o contratado laboral indefinido en situación de servicio activo con destino definitivo en el Instituto.

13. En los Institutos de Educación Secundaria en la Comunidad Foral de Navarra existirá:

a) Una Comisión de Coordinación Pedagógica.
b) Una Comisión de Régimen Interior.
c) Una Comisión de Igualdad.
d) Una Comisión de Estudios.

14. No es competencia del Jefe del Departamento de orientación de los Institutos de Educación Secundaria la Comunidad Foral de Navarra:

a) Redactar el plan de actividades del Departamento y la Memoria final de curso.
b) Colaborar en las evaluaciones que, sobre el funcionamiento y las actividades del Instituto, promuevan los órganos de gobierno del mismo o la Administración educativa.
c) Colaborar en la elaboración de los Proyectos Curriculares de etapa.
d) Colaborar con el Jefe del Departamento de Actividades Profesionales Externas en el desarrollo de las relaciones Escuela-Empresa.

15. Es falso que se cuente/n entre los órganos de coordinación docente de los Institutos de Educación Secundaria, en el ámbito territorial de la Comunidad Foral de Navarra y a los que se aplique el Decreto Foral 25/1997:

a) El equipo docente de grupo.
b) El Departamento de Orientación.
c) El Consejo Escolar.
d) Los Departamentos didácticos.

16. Estará/n, dentro de la composición del Consejo Escolar de los Institutos de Educación Secundaria de hasta 300 alumnos, en el ámbito territorial de la Comunidad Foral de Navarra y a los que se aplique el Decreto Foral 25/1997:

a) Seis profesores elegidos por el Claustro.
b) Tres representantes del alumnado.
c) Dos representantes del personal de administración y servicios.
d) Un Concejal o representante del Ayuntamiento en cuyo término se halle radicado el Instituto.

17. Es cierto que los Institutos de Educación Secundaria en el ámbito territorial de la Comunidad Foral de Navarra, a los que se aplique el Decreto Foral 25/1997:

a) Contarán con órganos de gobierno unipersonales adjuntos, que actuarán de forma coordinada con los correspondientes órganos homólogos
b) Contarán con órganos unipersonales: Director, Jefe de Estudios, Secretario o Administrador y, en su caso, Vicedirector.
c) Contarán con órganos colegiados: Consejo Escolar del Instituto, Claustro de profesores y Asociación de Padres y Madres.
d) Contarán, entre sus órganos, con Jefaturas de Estudios Adjuntas.

18. ¿Cuál de las siguientes normas está actualmente en vigor?

a) El Real Decreto 1007/1991, de 14 de junio.
b) El Decreto Foral 246/1991, de 24 de julio.
c) La Ley Orgánica 9/1995, de 20 de noviembre.
d) El Decreto Foral 58/2024, de 29 de mayo.

19. A efectos de la organización del procedimiento de elección del Consejo Escolar, se constituirá, en acto público en cada Instituto de Educación Secundaria en el ámbito territorial de la Comunidad Foral de Navarra y al que se aplique el Decreto Foral 25/1997, una Junta Electoral compuesta por los siguientes miembros:

a) El Director del Instituto, dos profesores, un padre o madre de alumno, un alumno y un representante del personal de administración y servicios.
b) El Director del Instituto, un profesor, un padre o madre de alumno, un alumno y un representante del personal de administración y servicios.

c) El Director del Instituto, un profesor, un alumno y un representante del personal de administración y servicios.

d) El Director del Instituto, un profesor y un representante del personal de administración y servicios.

20. Es falso que, conforme al Decreto Foral 25/1997, sea competencia del Director de un Instituto de Educación Secundaria en el ámbito territorial de la Comunidad Foral de Navarra:

a) Cumplir y hacer cumplir las leyes y demás disposiciones vigentes.

b) Coordinar y dirigir la acción de los Tutores y, del Orientador del Instituto, conforme al Plan de Acción Tutorial.

c) Gestionar los medios materiales del Instituto.

d) Garantizar el derecho de reunión del profesorado, alumnado, padres y madres de alumnos y personal de administración y servicios.

Solución al test n.º 2

1. a) Consejo de Administración.

2. c) Vicedirector.

3. c) Tres representantes de los padres y madres de los alumnos.

4. b) Por mitades cada dos años de forma alternativa.

5. a) En el plazo de diez días, por el Director.

6. b) Siempre que lo convoque el Director.

7. d) Aprobar el Reglamento de Régimen Interior.

8. d) Las tres respuestas anteriores son ciertas.

9. c) Sustituir al Director en caso de ausencia o enfermedad.

10. c) Departamento de Actividades Profesionales Externas.

11. a) Un jefe designado por el Director del Instituto, quien desempeñará su cargo durante un curso académico.

12. c) Un profesor, funcionario de carrera o contratado laboral indefinido en situación de servicio activo con destino definitivo en el Instituto.

13. a) Una Comisión de Coordinación Pedagógica.

14. d) Colaborar con el Jefe del Departamento de Actividades Profesionales Externas en el desarrollo de las relaciones Escuela-Empresa.

15. c) El Consejo Escolar.

16. d) Un Concejal o representante del Ayuntamiento en cuyo término se halle radicado el Instituto.

17. b) Contarán con órganos unipersonales: Director, Jefe de Estudios, Secretario o Administrador y, en su caso, Vicedirector.

18. d) El Decreto Foral 58/2024, de 29 de mayo.

19. b) El Director del Instituto, un profesor, un padre o madre de alumno, un alumno y un representante del personal de administración y servicios.

20. b) Coordinar y dirigir la acción de los Tutores y, del Orientador del Instituto, conforme al Plan de Acción Tutorial.

TEST N.º 3

Atención a la ciudadanía. La comunicación: fundamentos y niveles. Estilos y barreras de la comunicación. Habilidades Sociales y Asertividad. Resolución de conflictos. La escucha activa

1. En el trato a un cliente presuntuoso, no es correcto:

a) Mostrar humildad.
b) Competir con él.
c) Mostrar mucha amabilidad.
d) Adularle alguna vez.

2. En el trato a un cliente escéptico, no es correcto:

a) Mostrar paciencia y perseverancia.
b) Ser sincero.
c) Mantenerse firme y a distancia.
d) Dar garantías.

3. No es correcto, en relación con el comportamiento agresivo de un ciudadano cliente la siguiente afirmación:

a) El agresivo se enfadará con el representante de la Administración, aun sabiendo que no es el culpable de sus problemas.
b) El funcionario no debe perder las buenas maneras y no dar respuestas que puedan ser interpretadas como una provocación.
c) Se intentará frenar la parte irracional de su comportamiento y negociar, haciéndole sentir que su problema nos preocupa.
d) No es conveniente aplicar en esta situación la escucha activa.

4. ¿Cuál de los siguientes tipos de comportamiento se caracteriza por dar afirmaciones claras, expresarse con franqueza y de manera constructiva?

a) Comportamiento asertivo.
b) Comportamiento pasivo.
c) Comportamiento agresivo.
d) Comportamiento pasivo-agresivo.

5. Para establecer un tono positivo con los clientes que no tienen razón en sus argumentos, hemos de:

a) Decirles que no llevan la razón.

b) Decirles que están equivocados.

c) Hacerles sentir culpables.

d) Esforzarnos en ser positivos en nuestras respuestas.

6. Parafrasear es una forma de asegurar nuestra comprensión del mensaje diciéndole al cliente lo que pensamos o lo que hemos comprendido:

a) Añadiendo la información no incluida por el cliente.

b) Asegurándonos de que nuestro tono incluye juicio.

c) Asegurándonos de que nuestro tono incluye evaluación.

d) Dando a entender al cliente que queremos saber si entendemos adecuadamente su mensaje.

7. Cuando los clientes se acercan a la Administración, a menudo nos encontramos con la tarea de tener que explicar un asunto o un servicio. No es cierto que en la explicación:

a) Nos aseguraremos de dar la información correcta.

b) Evitaremos los tecnicismos, utilizando un lenguaje simple y coloquial y educado.

c) Utilizaremos explicaciones de carrerilla, para no ser desigual con otros clientes.

d) No asumiremos que el cliente sabe de temas de la Administración, facilitándole los detalles imprescindibles.

8. ¿Cuál de las siguientes opciones es correcta en cuanto a convencer al cliente?

a) Convencer es coaccionar al cliente para que este realice algo que no desea.

b) Tenemos que persuadirle.

c) Los ciudadanos quieren creer lo que les decimos.

d) No es tarea del personal de la Administración ganarse la confianza que quieran depositar en él.

9. Para tratar a un cliente enfadado, aplicando la técnica de la escucha física:

a) Miraremos al ciudadano directamente. Esto implica que prestamos toda nuestra atención a la conversación con el cliente.

b) Cruzaremos los brazos o las piernas, para hacer pensar al cliente que estamos dispuestos a escucharle.

c) Le miraremos a los ojos fijamente por largo tiempo.

d) Mantendremos una postura rígida e inamovible.

10. La escucha física es una técnica que nos va a permitir, mediante un lenguaje no verbal, tranquilizar y relajar el ánimo de nuestro cliente. ¿Cuál de las siguientes frases es correcta?

a) Primero la persona, después el problema. Primero los sentimientos, después los hechos.
b) Primero la persona, después los sentimientos. Primero el problema, después los hechos.
c) Primero los sentimientos, después la persona. Primero los hechos, después el problema.
d) Primero el problema, después la persona. Primero los hechos, después los sentimientos.

11. Para disminuir la tensión en una reclamación de un ciudadano agresivo:

a) Hay que sentirse personalmente afectado.
b) Hay que evitar la responsabilidad.
c) Dejar hablar y escuchar.
d) Procurar entrar en discusión.

12. Ante un cliente que solicita información con mucha meticulosidad, numerosas preguntas y una actitud crítica, el trato del informador público debe caracterizarse por:

a) Permanecer impasible.
b) Dar pocos detalles.
c) Aportar conocimientos técnicos.
d) Mantenerse firme.

13. Un cliente acude a una de las oficinas de la Administración demandando información personal que le es necesaria para cumplimentar algunos documentos. Sabemos que los datos están informatizados y puede tener acceso a ellos introduciendo un código en un terminal informático. Por lo tanto, como informador público:

a) Dejaremos que el cliente decida cómo actuar.
b) Nos acercaremos a él con la máxima profesionalidad para intentar ayudarle.
c) Esperaremos y solo si observamos algún error en el proceso, tomaremos la iniciativa.
d) Entablaremos una conversación intrascendente para ganarnos su confianza.

14. Para proporcionar un servicio de calidad que satisfaga a los clientes:

a) Se deben aplicar técnicas de escucha activa, *feedback* y reformulación.
b) La información debe ser ofrecida por más de un empleado.
c) La prioridad será mantener una buena imagen de la Administración.
d) El empleado público se mantendrá indiferente a las necesidades del ciudadano.

15. Un visitante le pregunta por una determinada unidad; usted le facilitará una información:

a) Totalmente detallada recurriendo incluso al color de las puertas.

b) Clara y sucinta.

c) Que incluya un croquis de las dependencias por donde debe pasar antes de llegar a la unidad.

d) Que indique el recorrido pero advirtiéndole que existen suficientes rótulos indicadores de las unidades o servicios.

16. Los clientes poseen diferentes personalidades y por ello tienen diferentes características. Así, debemos saber que el cliente que avasalla e insulta pertenece al tipo:

a) Hablador.

b) Excitable.

c) Inquisitivo.

d) Irrazonable.

17. El comportamiento agresivo:

a) Se refleja físicamente por el movimiento continuo de manos y brazos.

b) Se da cuando una persona se enfrenta a otra físicamente.

c) Se da cuando la persona afirma claramente, se expresa con franqueza y de manera constructiva.

d) Se da cuando una persona siente temor a actuar de forma agresiva.

18. La diferencia entre una reclamación y una queja es que la primera:

a) Expresa desacuerdo con el trato personal.

b) Expresa insatisfacción con el contenido dado a la demanda.

c) Se basa en una percepción subjetiva que no afecta a todos los clientes por igual.

d) Informa sobre cómo es percibida la calidad de los servicios por los ciudadanos.

19. ¿Cuál de los siguientes elementos básicos de la comunicación se refiere al lenguaje en el que emitimos el mensaje?

a) El emisor.

b) El receptor.

c) El canal.

d) El código.

20. No ayuda a la comunicación:

a) La escucha activa.

b) El *feedback*.

c) La reformulación (fenómeno eco).

d) Utilizar un lenguaje lo más técnico posible.

21. No ayuda a una escucha activa:

a) Estar preparado sobre el tema de que se trata.
b) Escuchar y resumir las ideas básicas.
c) Repetir en esencia lo que ha dicho el interlocutor.
d) No preguntar.

22. No es cierto que el *feedback* (retroalimentación) en la comunicación:

a) Consiste en facilitar a nuestro interlocutor información sobre cómo hemos percibido o entendido lo que nos está comunicando.
b) Consiste en dejar que el otro hable, escuchar atentamente y callar.
c) Puede referirse no solo a la recepción del mensaje sino a expresar de forma verbal el impacto emocional del mismo.
d) Aclara las relaciones entre personas y ayuda a comprender mejor al otro.

23. Es un fallo en la comunicación:

a) Entender lo que queremos entender.
b) Establecer un clima agradable.
c) Estar dispuestos a oír a la otra persona en sus propios términos.
d) Ser comprensivo con las circunstancias del interlocutor.

24. No es una causa de fallos en la comunicación:

a) Entender lo que queremos entender.
b) Nuestro estado emocional condicionador de lo que queremos decir.
c) Estar a la defensiva.
d) Vocalizar al hablar.

25. No ayuda a mejorar nuestra comunicación cuando hablamos:

a) Organizar nuestro pensamiento.
b) Expresarnos con precisión.
c) Encerrar muchas ideas en un enunciado.
d) Hablar con naturalidad.

26. No ayuda a mejorar nuestra comunicación cuando escuchamos:

a) Que el interlocutor advierta que se pone voluntad e interés en entenderle.
b) Utilizar el *feedback* (retroalimentación).
c) Pensar en nuestras respuestas mientras escuchamos.
d) No evaluar ni prejuzgar.

27. ¿Cuál de las siguientes es una barrera de la comunicación que está relacionada con diferencias en valores, creencias o normas sociales?

a) Barreras físicas.
b) Barreras psicológicas.
c) Barreras culturales.
d) Barreras tecnológicas.

28. En relación con la comunicación no verbal, es falso que:

a) La quietud y el reposo son posturas de clara atención al interlocutor.
b) La quietud ha de ser rígida para mostrar que no se está deseando que el otro acabe de hablar.
c) Comunicamos constantemente nuestro estado emocional a través de inconscientes gestos.
d) Cuando hablamos, nuestra voz comunica una gran cantidad de información no incluida en los sonidos de las palabras que pronunciamos (el paralenguaje).

29. ¿Qué caracteriza a la comunicación informal en una empresa?

a) Surge de manera espontánea y flexible entre los empleados.
b) Se utiliza exclusivamente para transmitir órdenes y políticas de la empresa.
c) Sigue un sistema formal establecido y respeta los niveles jerárquicos.
d) Solo aborda temas relacionados con el trabajo, excluyendo otros intereses.

30. Señalar la respuesta incorrecta. La escucha física es una técnica que:

a) Permite tranquilizar y relajar el ánimo del cliente.
b) Utiliza el lenguaje verbal.
c) Refleja la actitud de estar al servicio del cliente.
d) Transmite interés por el problema.

31. Una de las principales características de la asertividad es:

a) Es un término dicotómico, en el sentido de todo o nada: o se tiene asertividad o no se tiene.
b) Es una característica de personalidad.
c) Al ser una habilidad, puede aprenderse.
d) Todas son correctas.

32. La comunicación asertiva se caracteriza por:

a) Tener una consecuencia a corto plazo positiva: Se evitan el enfrentamiento y los desacuerdos.
b) Tener como objetivo aumentar la probabilidad de lograr los objetivos propios sin pasar por encima de los derechos ajenos.

c) Tener como objetivo conseguir que los demás se sientan más débiles y menos capaces de expresar sus sentimientos y de defender sus derechos y necesidades.

d) Las respuestas a) y c) son correctas.

33. Sobre el entrenamiento asertivo podemos decir que:

a) Nos enseña a evitar conflictos, aunque ello suponga renunciar a la defensa de nuestros derechos.

b) Nos enseña a identificar correctamente las ocasiones en que la expresión personal es importante y adecuada.

c) Nos enseña a expresar nuestros propios deseos y sentimientos siempre que sean positivos y a callarnos los negativos.

d) Todas son correctas.

34. El conjunto de comportamientos eficaces en las relaciones sociales se conoce con el nombre de:

a) I labilidades sociales.

b) Socialización.

c) Comunicación.

d) Diálogo.

35. Las habilidades sociales:

a) Son conductas innatas.

b) Son conductas aprendidas.

c) No están orientadas a la obtención de beneficios.

d) Las respuestas b) y c) son correctas.

Solución al test n.º 3

1. b) Competir con él.

2. c) Mantenerse firme y a distancia.

3. d) No es conveniente aplicar en esta situación la escucha activa.

4. a) Comportamiento asertivo.

5. d) Esforzarnos en ser positivos en nuestras respuestas.

6. d) Dando a entender al cliente que queremos saber si entendemos adecuadamente su mensaje.

7. c) Utilizaremos explicaciones de carrerilla, para no ser desigual con otros clientes.

8. c) Los ciudadanos quieren creer lo que les decimos.

9. a) Miraremos al ciudadano directamente. Esto implica que prestamos toda nuestra atención a la conversación con el cliente.

10. a) Primero la persona, después el problema. Primero los sentimientos, después los hechos.

11. c) Dejar hablar y escuchar.

12. c) Aportar conocimientos técnicos.

13. b) Nos acercaremos a él con la máxima profesionalidad para intentar ayudarle.

14. a) Se deben aplicar técnicas de escucha activa, feedback y reformulación.

15. b) Clara y sucinta.

16. b) Excitable.

17. a) Se refleja físicamente por el movimiento continuo de manos y brazos.

18. b) Expresa insatisfacción con el contenido dado a la demanda.

19. d) El código.

20. d) Utilizar un lenguaje lo más técnico posible.

21. d) No preguntar.

22. b) Consiste en dejar que el otro hable, escuchar atentamente y callar.

23. a) Entender lo que queremos entender.

24. d) Vocalizar al hablar.

25. c) Encerrar muchas ideas en un enunciado.

26. c) Pensar en nuestras respuestas mientras escuchamos.

27. c) Barreras culturales.

28. b) La quietud ha de ser rígida para mostrar que no se está deseando que el otro acabe de hablar.

29. a) Surge de manera espontánea y flexible entre los empleados.

30. b) Utiliza el lenguaje verbal.

31. c) Al ser una habilidad, puede aprenderse.

32. b) Tener como objetivo aumentar la probabilidad de lograr los objetivos propios sin pasar por encima de los derechos ajenos.

33. b) Nos enseña a identificar correctamente las ocasiones en que la expresión personal es importante y adecuada.

34. a) Habilidades sociales.

35. b) Son conductas aprendidas.

TEST N.º 4

Tareas Auxiliares de apoyo (I). Manejo y mantenimiento básico de máquinas auxiliares de oficia: fotocopiadoras, escáneres, plastificadoras, multicopistas, encuadernadoras, destructoras y teléfonos multilínea

1. Las fotocopiadoras electroestáticas se caracterizan porque:

a) Usan papel normal.

b) El documento original es barrido por un rayo de luz intensa que proyecta la imagen sobre un tambor por donde se distribuye el tóner, que adhiriéndose a la zona donde hay imagen, reproduce el original.

c) La imagen se transfiere al papel que, al calentarse, fija el pigmento sobre la copia.

d) La imagen a reproducir se proyecta directamente sobre el papel especial cuya superficie queda sensibilizada con cargas eléctricas.

2. En la fase de calentamiento de la fotocopiadora, ¿pueden realizarse copias?

a) Únicamente en las fotocopiadoras profesionales.

b) Sí.

c) No.

d) A veces se pueden realizar en las fotocopiadoras personales.

3. Si vamos a realizar fotocopias sin servirnos del alimentador recirculante de originales, ¿cómo dejaremos la cubierta superior de la máquina?

a) Preferiblemente abierta.

b) Cerrada.

c) Necesariamente abierta.

d) Si la cubierta superior no está cerrada, la máquina no funciona.

4. ¿Qué máquinas hacen al papel inservible e ilegible?

a) Las máquinas destructoras.

b) Las máquinas fresadoras.

c) Las taladradoras.

d) Las cizallas.

5. Las fotocopiadoras:

a) Reproducen imágenes o textos directamente sobre papel, sin necesidad de utilizar clichés.

b) Reproducen solamente textos sobre papel, sin necesidad de utilizar clichés.

c) Reproducen imágenes o textos directamente sobre papel utilizando clichés.

d) Reproducen imágenes o textos directamente sobre un cliché, con el que posteriormente se pueden hacer múltiples copias.

6. Las encuadernadoras:

a) Son máquinas capaces de obtener una copia exacta de un documento original mediante un proceso electrostático.

b) Son máquinas cuya función es la destrucción de papel, de forma que quede absolutamente inservible e ilegible.

c) Se utilizan para ordenar y presentar adecuadamente los documentos, clasificándolos e incorporándoles portadas.

d) Se utilizan para plastificar documentos, con objeto de preservarlos de manchas o del deterioro.

7. La plancha tipográfica en la que se ha reproducido una composición o un grabado para su posterior impresión, se llama:

a) Tóner.

b) Reset.

c) Starter.

d) Cliché.

8. El tóner es:

a) La "tinta" de la fotocopiadora.

b) El alimentador de la fotocopiadora.

c) El sistema de transporte de la fotocopiadora.

d) El tono de impresión requerido para una copia.

9. Los escáneres de las fotocopiadoras son del tipo:

a) Escáneres de rodillo.

b) Escáneres de mano.

c) Escáneres cenitales.

d) Escáneres de cama plana.

10. ¿Se puede hacer una fotocopia por las dos caras si la fotocopiadora no tiene esa opción?

a) No, es imposible hacer fotocopias por las dos caras.
b) No, para hacer fotocopias a dos caras es obligatoria la opción en la máquina
c) Sí, se puede realizar manualmente.
d) No, se tendría que realizar en dos hojas diferentes.

11. ¿Qué tres colores utilizan las impresoras para hacer copias a color?

a) Negro, amarillo y cián.
b) Amarillo, cián y magenta.
c) Negro, cián y magenta.
d) Negro, blanco y magenta.

12. En la fotocopiadora, si el conserje utiliza la escala de ampliación del 200%, significa que:

a) Amplía el tamaño de la copia en su totalidad 200 veces.
b) Amplía el tamaño de la copia en su totalidad el doble.
c) Amplía el tamaño de la copia en su anchura 200 veces.
d) Amplía la resolución de la copia 200 veces.

13. Si el conserje tuviera que cambiar el tóner de la fotocopiadora, después de sacar el viejo cartucho de tóner de la fotocopiadora, extraería un nuevo cartucho de su bolsa protectora y antes de introducir este en la fotocopiadora:

a) Agitaría enérgicamente el cartucho de un lado a otro varias veces.
b) Lo dejaría unos minutos al aire libre para que se aireara.
c) Limpiaría con alcohol los rieles de la fotocopiadora por los que se deslizará el cartucho.
d) Tendría que avisar rápidamente al servicio técnico de la fotocopiadora para que le cambiaran el cartucho de tóner lo antes posible.

14. Si el conserje pulsa la tecla "reiniciar" del panel de la fotocopiadora:

a) La máquina descontará las copias hechas y volverá a contabilizar desde la copia 1.
b) La máquina eliminará la configuración de las copias realizadas anteriormente volviendo a la configuración por defecto.
c) La máquina repetirá la tarea con la misma configuración de las copias realizadas con anterioridad.
d) La máquina se apagará y encenderá automáticamente.

15. ¿Qué tipo de escáner se utiliza para escanear elementos frágiles?

a) De rodillo.
b) De tambor.

c) De cama plana.
d) Cenital.

16. Son máquinas reproductoras:

a) Las guillotinadoras.
b) Las encuadernadoras.
c) Los escáneres.
d) Las plastificadoras.

17. El "canutillo" es un tipo de:

a) Grapado.
b) Encuadernado.
c) Plastificado.
d) Franqueado.

18. Se utilizan para seleccionar el número de ejemplares que deseamos fotocopiar, así como para introducir el número de control en el caso de que la máquina cuente con clave de acceso:

a) Teclas reiniciar.
b) Teclas avance.
c) Teclas coloreadas.
d) Teclas numéricas.

19. Si manejando la fotocopiadora observamos que las copias no salen en su sitio, ¿cómo solucionaremos el problema?

a) Desconectaremos la fotocopiadora de la red eléctrica.
b) Repondremos el papel y/o colocaremos de nuevo la bandeja de papel.
c) Extraeremos el papel con cuidado para no dañar el tambor.
d) Colocaremos correctamente el original en el cristal de exposición.

20. En relación al cambio de consumibles de la fotocopiadora, el Personal Subalterno que tenga encomendadas tareas vinculadas con las fotocopiadoras normalmente solo se ocupará de cambiar:

a) Los fotorreceptores.
b) Los cartuchos de tóner y mantener la carga de papel.
c) Los rodillos de presión.
d) El cable de alimentación a la red eléctrica.

21. En una multicopista, ¿cómo haremos coincidir las placas con el tamaño del papel al cargarlo?

a) Con el dial de ajuste de las placas laterales.
b) Con los botones de las placas laterales.
c) Pulsando la tecla "Inicio".
d) Cerrando la placa lateral de salida del papel.

22. Si la máquina multicopista está encendida y la fuente de alimentación proporciona menos del 90% de la cantidad especificada, podemos esperar que:

a) Disminuya la velocidad de impresión.
b) Disminuya la densidad de la imagen.
c) Disminuya la calidad de la copia.
d) Aparezcan marcas del rodillo de alimentación.

23. ¿Cuál de las siguientes características no es propia del formato GIF?

a) Admite una paleta de hasta 16 millones de colores.
b) Es un formato idóneo para publicar dibujos en la web.
c) Profundidad de color de 8 bits.
d) Diseñado específicamente para comprimir imágenes digitales.

24. La tecla REINICIAR de una fotocopiadora:

a) Sirve para aumentar la "autonomía" de la máquina.
b) Se utiliza para encender la máquina.
c) Se utiliza para seleccionar el número de ejemplares que deseamos fotocopiar.
d) Se utiliza para dejar la máquina con las funciones configuradas por defecto.

25. Si hacemos una fotocopia en la modalidad de "Combinación de imagen 2 en 1/Doble Cara", nuestra máquina:

a) Reduce cuatro originales para que entren en ambas caras de una sola hoja de copia.
b) Reduce dos originales para que entren en una cara de una sola hoja de copia.
c) Reduce cuatro originales para que entren en una cara de una sola hoja de copia.
d) Reduce dos originales para que entren en una cara de una sola hoja de copia.

26. La función de la centralita telefónica es:

a) Interconectar a varias centrales de la misma red.
b) Permitir la conexión de terminales de otras redes.
c) La gestión de llamadas entrantes y salientes de una empresa o servicio.
d) La gestión de llamadas entrantes pero no salientes.

27. Las centralitas RTB manejan:

a) Líneas digitales.
b) Líneas hibridas.
c) Líneas analógicas.
d) Líneas por fibra óptica.

28. Las centralitas con líneas ADSL gestionan:

a) Datos en formato digital.
b) Señales analógicas.
c) Llamadas de fuera de la red.
d) Ninguna de las anteriores.

29. A los terminales finales conectados a una centralita se les denomina:

a) Módems
b) Routers.
c) Extensiones.
d) Teléfonos finales.

30. Cuando se activa la llamada en espera, ¿pueden atenderse dos llamadas simultáneamente?

a) Siempre.
b) Siempre que se desee.
c) Sólo se atiende una y se pierde la otra.
d) Se da prioridad a la primera.

Solución al test n.º 4

1. d) La imagen a reproducir se proyecta directamente sobre el papel especial cuya superficie queda sensibilizada con cargas eléctricas.

2. c) No.

3. b) Cerrada.

4. a) Las máquinas destructoras.

5. a) Reproducen imágenes o textos directamente sobre papel, sin necesidad de utilizar clichés.

6. c) Se utilizan para ordenar y presentar adecuadamente los documentos, clasificándolos e incorporándoles portadas.

7. d) Cliché.

8. a) La "tinta" de la fotocopiadora.

9. d) Escáneres de cama plana.

10. c) Sí, se puede realizar manualmente.

11. b) Amarillo, cián y magenta.

12. b) Amplía el tamaño de la copia en su totalidad el doble.

13. a) Agitaría enérgicamente el cartucho de un lado a otro varias veces.

14. b) La máquina eliminará la configuración de las copias realizadas anteriormente volviendo a la configuración por defecto.

15. d) Cenital.

16. c) Los escáneres.

17. b) Encuadernado.

18. d) Teclas numéricas.

19. d) Colocaremos correctamente el original en el cristal de exposición.

20. b) Los cartuchos de tóner y mantener la carga de papel.

21. a) Con el dial de ajuste de las placas laterales.

22. c) Disminuya la calidad de la copia.

23. a) Admite una paleta de hasta 16 millones de colores.

24. d) Se utiliza para dejar la máquina con las funciones configuradas por defecto.

25. a) Reduce cuatro originales para que entren en ambas caras de una sola hoja de copia.

26. c) La gestión de llamadas entrantes y salientes de una empresa o servicio.

27. c) Líneas analógicas.

28. a) Datos en formato digital.

29. c) Extensiones.

30. b) Siempre que se desee.

Tareas Auxiliares de apoyo (II). Reglamento por el que se regula la prestación de los servicios postales (Real Decreto 1829/1999, de 3 de diciembre): Disposiciones Generales; Garantías de los usuarios de los servicios postales y límite de las mismas; Envíos y servicios postales; Prestación del servicio postal universal. Tipos de correspondencia: certificados, notificaciones, cartas ordinarias, urgentes y paquetería para su posterior envío

1. ¿Cuál de los siguientes envíos postales se considera también un envío de correspondencia?

a) Libros.
b) Tarjetas postales.
c) Catálogos.
d) Diarios y publicaciones periódicas.

2. Los envíos postales, en tanto no lleguen a poder del destinatario:

a) Son propiedad del servicio postal.
b) Son propiedad del destinatario una vez depositados por el remitente.
c) Son propiedad del remitente.
d) Carecen de propietario.

3. Cualquier servicio consistente en la recogida, la admisión, la clasificación, el transporte, la distribución y la entrega de envíos postales, es:

a) Un servicio postal.
b) Un servicio universal.
c) Un servicio postal universal.
d) Un servicio estándar de correspondencia.

4. Se incluye en el ámbito del servicio postal universal las actividades de recogida, admisión, clasificación, transporte, distribución y entrega de cartas y tarjetas postales que contengan comunicaciones escritas en cualquier tipo de soporte:

a) Sin excepción.
b) De hasta 2 kg de peso.
c) De entre 100 y 1000 gramos.
d) De hasta 10 kg de peso.

5. Cada servicio integrado en el servicio postal universal incluirá la recogida, admisión, clasificación, tratamiento, curso, transporte, distribución y entrega de:

a) Paquetes postales cuyo peso no exceda de 2 kilogramos.
b) Cartas y tarjetas postales de hasta 10 kilogramos de peso.
c) Cartas y tarjetas postales de hasta 5 kilogramos de peso.
d) Paquetes postales cuyo peso no exceda de 20 kilogramos.

6. ¿Quién tiene la condición de operador designado por el Estado para prestar el servicio postal universal?

a) La Sociedad Estatal Correos y Telégrafos, Sociedad Anónima.
b) Cualquier operador postal con base en territorio español que lo solicite.
c) Las reglas de la competencia impiden que el Estado pueda designar un operador.
d) Correos y Telégrafos es el operador prestador del servicio postal universal por derecho propio, no por designación.

7. ¿Qué artículo de la Constitución garantiza el secreto de las comunicaciones y, en especial, de las postales, telegráficas y telefónicas?

a) El artículo 16.
b) El artículo 19.
c) El artículo 14.
d) El artículo 18.

8. Los envíos postales son:

a) Personales.
b) Cerrados.
c) Inviolables.
d) Normalizados.

9. ¿Cuál de estas condiciones no es propia de una carta?

a) Carácter actual.
b) Envío cerrado.

c) Comunicación materializada en forma escrita sobre soporte físico de cualquier naturaleza.
d) Contenido conocido.

10. ¿Cuál de estas condiciones no es propia de una tarjeta postal?

a) Pieza rectangular de cartulina consistente o material similar.
b) Que circule en sobre abierto.
c) Que circule al descubierto.
d) Que contenga un mensaje de carácter actual y personal.

11. Señalar la opción incorrecta:

a) La indicación del término de "tarjeta postal" en los envíos individuales no implica esta clasificación postal a menos que tenga carácter actual y personal.
b) Los envíos de recibos, facturas, documentos de negocios, estados financieros y cualesquiera otros mensajes que no sean idénticos, tienen la consideración de cartas.
c) Se entiende por envío postal el envío con destinatario, preparado en la forma definitiva en la que deba ser transportado por el operador del servicio postal universal.
d) No podrán constituir paquetes postales los lotes o agrupaciones de las cartas o cualquier otra clase de correspondencia actual y personal.

12. Para que un envío sea considerado de publicidad directa deberá remitirse:

a) A un mínimo de 500 destinatarios.
b) A un mínimo de 1000 destinatarios.
c) A un mínimo de 100 destinatarios.
d) A una pluralidad de destinatarios.

13. ¿Cuál de estas características no es propia de los envíos de publicidad directa?

a) Que su distribución se efectúe en sobre abierto, para facilitar la inspección postal.
b) Que esté formado por cualquier comunicación que consista únicamente en anuncios, estudios de mercado o publicidad.
c) Que en su cubierta figure la expresión "P. D." a efectos de facilitar la identificación de estos envíos.
d) Que no se dirijan a destinatarios concretos sino a zonas de reparto en particular.

14. Señalar la opción correcta:

a) Para que un envío pueda considerarse catálogo ha de remitirse a más de 200 destinatarios.
b) El material fonográfico y videográfico tendrá el mismo tratamiento que los libros.
c) La distribución de catálogos se hará en sobre cerrado a diferencia de los envíos de publicidad directa.
d) Para que un envío se considere "libro" ha de tratarse de publicaciones encuadernadas.

15. De acuerdo con su régimen de prestación, los servicios postales se clasifican en:

a) Servicios prestados en régimen ordinario y servicios prestados en régimen de servicio especial.

b) Servicios prestados en régimen general y servicios prestados en régimen de servicio extraordinario.

c) Servicios prestados en régimen individual y servicios prestados en régimen de servicio colectivo.

d) Servicios prestados en régimen normal y servicios prestados en régimen de servicio especializado.

16. ¿Dónde se consignará la palabra "CERTIFICADO" (o la etiqueta al uso) en los envíos certificados que circulen en el ámbito nacional?

a) En el ángulo superior izquierdo del anverso del envío.

b) En el ángulo superior derecho del anverso del envío.

c) En el ángulo superior izquierdo del reverso del envío.

d) En el centro de la parte superior del anverso del envío.

17. ¿Cuál de las siguientes afirmaciones es correcta?

a) La notificación es un requisito de validez del acto administrativo.

b) La recepción de un envío certificado se garantiza mediante la firma del destinatario o una persona autorizada.

c) Cuando se practique la notificación en el domicilio de la persona interesada y no se halle presente ésta en el momento de la entrega, se intentará una segunda notificación dentro de los 3 días siguientes y en la misma franja horaria.

d) Los servicios de recogida, admisión, clasificación, entrega, tratamiento, curso, transporte y distribución de los envíos interurbanos y transfronterizos, certificados o no, de las cartas y de las tarjetas postales, siempre que su peso sea igual o inferior a 500 gramos, no podrán considerarse rápidos cuando el precio efectivamente cobrado por ellos no sea, al menos, tres veces superior al montante de la tarifa pública correspondiente para los envíos ordinarios de objetos de la primera escala de peso de la categoría normalizada más rápida.

18. Los envíos postales con naturaleza de carta, dirigidos a personas fallecidas:

a) Serán destruidos en presencia de notario y del representante legal de los herederos.

b) Serán entregados a sus herederos o a aquellos que tengan la administración de la herencia.

c) Quedarán depositados en la oficina de destino, desde la que, si es posible, se enviará consulta al remitente para que este autorice su entrega a los herederos u opte por su recuperación.

d) Se devolverán con carácter ordinario al remitente.

19. Señala la opción incorrecta. Según el Título II de la Ley 43/2010, de 30 de diciembre, del servicio postal universal, los derechos de los usuarios y del mercado postal son los siguientes:

a) Secreto de las comunidades postales.
b) Protección de datos.
c) Detención arbitraria.
d) Inviolabilidad de los envíos postales.

20. Una comunicación formal de un acto administrativo, de la que se hace depender la eficacia de aquel, es:

a) Un certificado.
b) Un acuse de recibo.
c) Un telegrama.
d) Una notificación.

21. En cuanto al formato de letra, en los datos del destinatario de una carta normalizada:

a) Se procurará superponer los caracteres, o que al menos estén en contacto.
b) Se procurará inscribir los caracteres en letra cursiva.
c) Se utilizarán caracteres con una altura entre 2 y 8 mm.
d) Se utilizarán caracteres con espesores muy gruesos.

22. El peso máximo de un paquete azul es:

a) 2 kg.
b) 5 kg.
c) 10 kg.
d) 20 kg.

23. El peso máximo de un envío en el servicio de PAQ ESTÁNDAR es de:

a) 10 kg.
b) 20 kg.
c) 30 kg.
d) 50 kg.

24. Consiste en el abono de la tarifa o el precio que corresponde aplicar a un envío postal para su circulación por la red postal pública:

a) El franqueo.
b) El certificado.

c) La franquicia.

d) El sellado.

25. No es un medio de pago alternativo a los sistemas de franqueo:

a) El franqueo de pago diferido.

b) El franqueo en destino.

c) Las impresiones de máquinas de franquear.

d) El franqueo con impresora láser.

26. Señalar la opción incorrecta:

a) El franqueo de los envíos postales puede efectuarse simultáneamente con sellos de correo y estampaciones realizadas con máquinas de franquear.

b) Los troqueles, tarjetas vale, precintos de garantía u otros medios de control de uso de una máquina de franquear serán confeccionados por el suministrador que determine el operador al que se ha encomendado la prestación del servicio postal universal.

c) El franqueo, mediante sellos, requerirá su incorporación a la cubierta del envío de que se trate, adhiriéndose siempre que sea posible, en una única fila horizontal, en el ángulo superior derecho de la misma en que figura la dirección.

d) En el lado de la dirección de los envíos podrán adherirse sellos de correos o etiquetas de servicio, e incluso viñetas o etiquetas benéficas, publicitarias o de cualquier otra clase, siempre que lleven impreso las palabras «España» y «Correos».

27. Los sellos o signos distintivos que estén incorporados a la cubierta del envío postal servirán de franqueo:

a) Siempre que estén oficialmente emitidos y la venta de la cubierta se efectúe previamente a la realización del franqueo.

b) Siempre que estén oficialmente emitidos, siendo la venta de la cubierta y la realización del franqueo efectuadas simultáneamente.

c) Siempre que no contengan imágenes o expresiones ofensivas o prohibidas por el operador designado para el servicio postal universal.

d) No se admiten para su circulación por la red postal pública, envíos con sellos o signos distintivos previamente estampados.

28. En cuanto al franqueo de los envíos postales por impresiones de máquinas de franquear, es cierto que:

a) Este procedimiento de franqueo puede aplicarse a cualquier tipo de correspondencia, incluida la correspondencia asegurada.

b) Solo se podrá autorizar a entidades públicas o privadas a la utilización de máquinas de franquear, pero no a personas físicas.

c) Los troqueles, tarjetas vale, precintos de garantía u otros medios de control de uso de la máquina serán confeccionados por el suministrador que determine el operador al que se ha encomendado la prestación del servicio postal universal.

d) Este procedimiento de franqueo no podrá utilizarse en el caso de objetos cuyas dimensiones no permitan la estampación o impresión directa.

29. Los envíos postales destinados a circular por el territorio nacional que ingresen en la red pública postal sin franqueo o con franqueo insuficiente deberán abonar en concepto de insuficiencia de franqueo, como mínimo:

a) 0,10 €.
b) El doble del franqueo que correspondía.
c) El doble de la insuficiencia.
d) Cinco veces la insuficiencia producida.

30. Estará exento del pago del precio el siguiente servicio prestado por el operador designado para la prestación del servicio postal universal:

a) Los envíos entre Administraciones Públicas.
b) Las notificaciones.
c) Los envíos reexpedidos.
d) Los envíos de cecogramas.

31. El reparto de los envíos en la dirección postal en ellos consignada, constituye:

a) La entrega.
b) El depósito.
c) La distribución.
d) El curso y transporte.

32. El destinatario o la persona autorizada podrá rehusar una carta en el momento de la entrega:

a) Antes de leerla, una vez abierta.
b) Antes de abrirla.
c) Después de leerla, si el envoltorio lo permite.
d) Las cartas no son rehusables.

33. Señalar la opción incorrecta:

a) Si el destinatario de un objeto certificado no pudiera o no supiera firmar, lo hará en su lugar el operario postal, debidamente identificado.

b) Se entregará en oficina la correspondencia dirigida a dicha dependencia o aquella que, por ausencia u otra causa justificada, no se hubiese podido entregar en el domicilio.

c) Se entenderán autorizados por el destinatario para recibir los envíos postales, de no constar expresa prohibición, las personas mayores de edad presentes en su domicilio que sean familiares suyos o mantengan con él una relación de dependencia o convivencia.

d) El destinatario o la persona autorizada que se haga cargo del envío postal tendrá que identificar su personalidad, ante el empleado del operador postal que efectúe la entrega, mediante la exhibición de su documento nacional de identidad, pasaporte, permiso de conducción o tarjeta de residencia, salvo notorio conocimiento del mismo.

34. ¿Cuándo podrá realizarse la entrega de envíos postales en los casilleros domiciliarios instalados al efecto?

a) Solo cuando el destinatario se encuentre ausente y se trate de correspondencia de publicidad directa.

b) Cuando el destinatario lo haya solicitado previamente por escrito.

c) Siempre que se trate de envíos normalizados.

d) Siempre que se trate de envíos de carácter ordinario y sus dimensiones lo permitan.

35. Este sistema de franqueo permite que los sobres o embalajes que contengan los envíos postales incorporen el precio o tarifa de la prestación postal:

a) Franqueo de pago diferido.

b) Prepago.

c) Franqueo en destino.

d) Estampillas de franqueo.

36. La recepción por parte del operador postal de envío que le es confiado por el remitente para la realización del proceso postal integral y del que se hace responsable en los términos previstos reglamentariamente, se conoce como:

a) Depósito.

b) Entrega.

c) Correspondencia.

d) Admisión.

37. El operador u operadores designados por el Estado para la prestación del servicio postal universal deberán realizar, al menos, con independencia de la densidad de población e incluso en zonas rurales:

a) Una recogida en los puntos de acceso a la red postal todos los días laborables, de lunes a viernes.

b) Una recogida en los puntos de acceso a la red postal, una vez a la semana.

c) Una recogida en los puntos de acceso a la red postal todos los días laborables, de lunes a sábado.

d) Una recogida en los puntos de acceso a la red postal todos los días, de lunes a viernes.

38. Las dimensiones máximas de una carta en sobre, son:

a) Largo + Alto + Ancho = 200 cm, sin que la mayor dimensión exceda de 100 cm.
b) Largo + Alto + Ancho = 200 cm, sin que la mayor dimensión exceda de 105 cm.
c) Largo + Alto + Ancho = 90 cm, sin que la mayor dimensión exceda de 60 cm.
d) Largo + Alto + Ancho = 100 cm, sin que la mayor dimensión exceda de 60 cm.

39. ¿Cuál de los siguientes requisitos para que una carta ordinaria, tarjeta postal, carta certificada, carta certificada urgente, notificación, publicorreo o publibuzón, no es correcto para que puedan considerarse envíos normalizados?

a) Formato rectangular. En sobre o en forma de tarjeta.
b) Color del sobre: blanco o colores claros (amarillo, beige o azul).
c) Formato de letra: altura de los caracteres entre 2 y 8 mm (evitar superposición o contacto entre caracteres) fuente de tipos comerciales en uso, evitando fuentes artísticas, cursiva, subrayados y espesores muy finos o muy gruesos (impresión en negro o color oscuro, evitando tintas fluorescentes).
d) Sobres con ventanilla: las dimensiones de la ventanilla y la holgura interna entre sobre y carta permitirán, en cualquier caso, la lectura completa del bloque de dirección.

40. Las dimensiones mínimas de una carta normalizada son:

a) 14 x 9 cm.
b) 23,5 x 12 cm.
c) 15 x 8 cm.
d) 17 x 10 cm.

41. Un envío que por sus características (formato y dimensiones) permite ser manipulado automáticamente, ya sea en el franqueo o en la clasificación, es un envío:

a) Estándar.
b) Formalizado.
c) Reglamentario.
d) Normalizado.

42. El peso máximo unitario de un envío normalizado es de:

a) 15 gramos.
b) 20 gramos.
c) 30 gramos.
d) 40 gramos.

43. Las dimensiones máximas de Carta, Carta Certificada, Carta Certificada Urgente, Notificación, Publicorreo, Publibuzón, Libros y Publicaciones Periódicas, en forma de tubo o rollo, son:

a) Largo + 2 veces el diámetro = 104 cm, sin que la mayor dimensión exceda de 90 cm.
b) Largo = 100 cm, diámetro = 15 cm.

c) Largo + 2 veces el diámetro = 100 cm, sin que la mayor dimensión exceda de 70 cm.
d) Largo + 2 veces el diámetro = 17 cm, sin que la mayor dimensión sea inferior a 10 cm.

44. ¿Cuál de los siguientes colores claros no se permite en un envío normalizado?

a) Amarillo.
b) Naranja.
c) Verde.
d) Azul.

45. ¿Cuáles son las dimensiones máximas recomendadas de una carta urgente?

a) 220 x 135 mm. Espesor 10 mm.
b) 235 x 120 mm. Espesor 10 mm.
c) 255 x 140 mm. Espesor 15 mm.
d) 230 x 125 mm. Espesor 5 mm.

Solución al test n.º 5

1. b) Tarjetas postales.

2. c) Son propiedad del remitente.

3. a) Un servicio postal.

4. b) De hasta 2 kg de peso.

5. d) Paquetes postales cuyo peso no exceda de 20 kilogramos.

6. a) La Sociedad Estatal Correos y Telégrafos, Sociedad Anónima.

7. d) El artículo 18.

8. c) Inviolables.

9. d) Contenido conocido.

10. b) Que circule en sobre abierto.

11. a) La indicación del término de "tarjeta postal" en los envíos individuales no implica esta clasificación postal a menos que tenga carácter actual y personal.

12. d) A una pluralidad de destinatarios.

13. d) Que no se dirijan a destinatarios concretos sino a zonas de reparto en particular.

14. b) El material fonográfico y videográfico tendrá el mismo tratamiento que los libros.

15. a) Servicios prestados en régimen ordinario y servicios prestados en régimen de servicio especial.

16. a) En el ángulo superior izquierdo del anverso del envío.

17. b) La recepción de un envío certificado se garantiza mediante la firma del destinatario o una persona autorizada.

18. c) Quedarán depositados en la oficina de destino, desde la que, si es posible, se enviará consulta al remitente para que este autorice su entrega a los herederos u opte por su recuperación.

19. c) Detención arbitraria.

20. d) Una notificación.

21. c) Se utilizarán caracteres con una altura entre 2 y 8 mm.

22. d) 20 kg.

23. c) 30 kg.

24. a) El franqueo.

25. d) El franqueo con impresora láser.

26. d) En el lado de la dirección de los envíos podrán adherirse sellos de correos o etiquetas de servicio, e incluso viñetas o etiquetas benéficas, publicitarias o de cualquier otra clase, siempre que lleven impreso las palabras «España» y «Correos».

27. b) Siempre que estén oficialmente emitidos, siendo la venta de la cubierta y la realización del franqueo efectuadas simultáneamente.

28. c) Los troqueles, tarjetas vale, precintos de garantía u otros medios de control de uso de la máquina serán confeccionados por el suministrador que determine el operador al que se ha encomendado la prestación del servicio postal universal.

29. c) El doble de la insuficiencia.

30. d) Los envíos de cecogramas.

31. a) La entrega.

32. b) Antes de abrirla.

33. a) Si el destinatario de un objeto certificado no pudiera o no supiera firmar, lo hará en su lugar el operario postal, debidamente identificado.

34. d) Siempre que se trate de envíos de carácter ordinario y sus dimensiones lo permitan.

35. b) Prepago.

36. d) Admisión.

37. a) Una recogida en los puntos de acceso a la red postal todos los días laborables, de lunes a viernes.

38. c) Largo + Alto + Ancho = 90 cm, sin que la mayor dimensión exceda de 60 cm.

39. b) Color del sobre: blanco o colores claros (amarillo, beige o azul).

40. a) 14 x 9 cm.

41. d) Normalizado.

42. b) 20 gramos.

43. a) Largo + 2 veces el diámetro = 104 cm, sin que la mayor dimensión exceda de 90 cm.

44. d) Azul.

45. b) 235 x 120 mm. Espesor 10 mm.

TEST N.º 6

Tareas Auxiliares de apoyo (III). Gestión de material y control de facturas

1. El stock de un almacén es:

a) La cantidad de mercancías que se tienen en depósito.
b) La variedad, o referencias, o artículos que tiene una empresa.
c) La cantidad de bienes adquiridos por la empresa destinados a la venta sin transformación.
d) El sistema de control que la empresa realiza sobre el tráfico de las existencias.

2. Las existencias que se almacenan debido a que no es posible predecir siempre con exactitud el programa de ventas y producción de un producto determinado, constituyen un:

a) Stock de anticipación.
b) Stock por fluctuación.
c) Stock sobrante.
d) Stock por tamaño de lote.

3. Por su estado de transformación, los bienes o servicios que se encuentran en fase de formación o transformación en un centro de actividad, se consideran:

a) Materias primas.
b) Productos en curso.
c) Subproductos.
d) Existencias comerciales.

4. El stock físico menos la demanda no satisfecha, da como resultado:

a) El stock óptimo.
b) El stock cero.
c) El stock neto.
d) El stock disponible.

5. La cantidad de artículo disponible en un momento determinado en el almacén constituye el:

a) El stock óptimo.
b) El stock físico.
c) El stock neto.
d) El stock disponible.

6. Los artículos del Grupo A del almacén:

a) Suponen un 80% de las referencias totales del almacén.
b) Suponen un 50% de las referencias totales del almacén.
c) Suponen un 30% de las referencias totales del almacén.
d) Suponen un 20% de las referencias totales del almacén.

7. ¿En qué grupo se incluyen los artículos del almacén que representan un alto porcentaje en unidades físicas respecto al total (un 50%), sin embargo, suman un bajo porcentaje en unidades monetarias respecto a la inversión total (un 5%)?

a) Grupo A.
b) Grupo B.
c) Grupo C.
d) Grupo D.

8. Se conoce como nivel de stock a:

a) Aquel que sirve para atender la demanda normal de los clientes.
b) El previsto para demandas inesperadas de clientes o retrasos en las entregas de los proveedores.
c) El volumen medio de existencias que tenemos en almacén durante un período de tiempo.
d) La cantidad de existencias de un artículo almacenada en un momento dado.

9. Una consecuencia normal de una alta rotación de stock es:

a) Es más probable que las existencias se queden obsoletas.
b) Nula probabilidad de sufrir rotura de stock.
c) Menores costes de emisión de pedidos y manipulación.
d) Se pueden mantener unos precios más bajos por motivos comerciales.

10. ¿Qué tipo de inventario supone el control de entradas y salidas tanto en unidades físicas como por su valor, de forma administrativa a través de unos registros de entradas y salidas, permitiendo el conocimiento en todo momento del valor de existencias a lo largo del ejercicio y, de forma derivada, de los resultados?

a) Inventario permanente.
b) Inventario periódico.
c) Inventario físico.
d) Inventario especulativo.

11. ¿Cuál de los siguientes métodos de valoración de existencias se basa en costes históricos?

a) FIFO.
b) LIFO.
c) PMP.
d) NIFO.

12. En el sistema FIFO de valoración de las existencias:

a) Las existencias finales quedan valoradas a los costes más recientes mientras que las salidas se valoran a los costes más antiguos.
b) Se utiliza el coste medio ponderado, para ello se ha de multiplicar las unidades por su precio de adquisición y sumar los resultados, dividiendo la suma por el total de unidades adquiridas.
c) Las existencias finales quedan valoradas a los costes más antiguos y las salidas a los últimos costes.
d) Todas las existencias salen al precio de la entrada más alta.

13. ¿Con cuál de las siguientes tecnologías de control de existencias de un almacén se transmite la identidad de un objeto (similar a un número de serie único) mediante ondas de radio?

a) Código de barras.
b) SGA.
c) EDI.
d) RFID.

14. El documento que expide el comprador cuando solicita productos al proveedor es:

a) El albarán.
b) El pedido.
c) La factura.
d) La nota de abono.

15. El documento que acredita la entrega de un pedido, sin necesidad de indicar la cantidad a pagar como contraprestación, es:

a) El albarán.
b) El pedido.
c) La factura.
d) La nota de abono.

16. Los pedidos para consumos extraordinarios también se conocen como:

a) Pedidos de reposición.
b) Pedidos programados.
c) Pedidos de pronto empleo.
d) Pedidos de servicios u obras.

17. Las facturas que documentan correcciones de una o más facturas anteriores, o bien devoluciones de productos, envases y embalajes o comisiones por volumen, son:

a) Facturas recapitulativas.
b) Facturas rectificativas.
c) Facturas pro-forma.
d) Facturas ordinarias.

18. ¿Qué documento de gestión administrativa interno del almacén expresa la recepción de los materiales solicitados y controla el cumplimento de los plazos de entrega?

a) El pedido.
b) El albarán.
c) La ficha de almacén.
d) La hoja de recepción.

19. Para saber en cada momento los niveles de existencias en el almacén se utilizan:

a) Las hojas de recepción.
b) Los albaranes.
c) Las fichas de almacén.
d) Las facturas.

20. ¿Cuál de los siguientes datos no es necesario reflejar en una ficha de almacén?

a) Código del producto.
b) Movimiento que se ha producido: entrada, salida o movimiento interno.
c) Fecha en la que se produjo el movimiento.
d) Stock resultante tras el movimiento.

Solución al test n.º 6

1. a) La cantidad de mercancías que se tienen en depósito.

2. b) Stock por fluctuación.

3. b) Productos en curso.

4. c) El stock neto.

5. b) El stock físico.

6. d) Suponen un 20% de las referencias totales del almacén.

7. c) Grupo C.

8. d) La cantidad de existencias de un artículo almacenada en un momento dado.

9. d) Se pueden mantener unos precios más bajos por motivos comerciales.

10. a) Inventario permanente.

11. c) PMP.

12. a) Las existencias finales quedan valoradas a los costes más recientes mientras que las salidas se valoran a los costes más antiguos.

13. d) RFID.

14. b) El pedido.

15. a) El albarán.

16. c) Pedidos de pronto empleo.

17. b) Facturas rectificativas.

18. d) La hoja de recepción.

19. c) Las fichas de almacén.

20. d) Stock resultante tras el movimiento.

TEST N.º 7

Electricidad básica. Conocimiento, manejo y mantenimiento de herramientas básicas de electricista (destornilladores, tijeras, alicates y otras herramientas) Cuadros de distribución en edificios (Interruptor de control de potencia, magnetotérmicos, diferenciales). Circuitos de sonería (pulsadores, timbres). Circuitos de alumbrado básico (interruptores, conmutadores, bases de enchufe con y sin toma de tierra, lámparas). Circuitos de alumbrado fluorescente (cebadores, reactancias, lámparas fluorescentes). Circuitos singulares (alarmas, alumbrado de emergencia)

1. ¿Qué evidencias percibiremos cuando exista una avería debida a la conexión defectuosa de la reactancia, que habrá que comprobar, o bien a que la reactancia es inadecuada, por lo que habrá que sustituirla por otra de potencia acorde con el tubo fluorescente?

a) Los bornes zumban produciendo ruido.
b) El tubo no enciende.
c) La luz parpadea.
d) Los extremos del tubo se ponen negros.

2. ¿Cómo se llama la herramienta que permite saber si hay tensión entre el conductor y la tierra?

a) Polímetro.
b) Tensiómetro.
c) Buscapolos.
d) Vástago.

3. Indica cuál de los siguientes no es un tipo de fusible:

a) De plaqueta.
b) De vástago.
c) De cartucho.
d) De tapón.

4. Los enchufes que sirven para conectar aparatos y están dotados de equipo para toma de tierra, ¿cuántos bornes presentan?

a) Uno.
b) Dos.
c) Tres.
d) Cuatro.

5. Para sustituir un portalámparas defectuoso es necesario, en primer lugar:

a) Desatornillar los terminales de los conductores.
b) Reemplazar la reactancia.
c) Desenroscar la bombilla y quitarla de la base.
d) Desenroscar el aro de porcelana y la funda metálica para acceder a la base.

6. ¿Cómo se llama el interruptor que desconecta automáticamente la instalación en caso de producirse una derivación de algún aparato o en algún punto de instalación?

a) IAD.
b) ICP.
c) PIA.
d) IPC.

7. Los elementos metálicos (generalmente de cobre) que siempre estarán recubiertos con material protector (aislante) destinados a transportar la energía eléctrica, se denominan:

a) Interruptores.
b) Conductores eléctricos.
c) Cajas de registros.
d) Empalmes.

8. ¿Qué tipo de alicates utilizaremos para agarre y plegado en ángulo recto de alambres y piezas de chapa?

a) De corte.
b) De puntas redondas.
c) De puntas planas.
d) De puntas acodadas.

9. ¿Qué tipo de aparato utilizaremos para comprobar la iluminación del ordenador?

a) Polímetro.
b) Voltímetro.
c) Vatímetro.
d) Luxómetro.

10. ¿Cuál es la unidad en la que se mide la intensidad de la corriente?

a) Ohmio.
b) Lux.
c) Voltio.
d) Amperio.

11. El aparato que sirve para medir la intensidad y el sentido de una corriente eléctrica que circula a través de una resistencia se llama:

a) Galvanómetro.
b) Óhmetro.
c) Amperímetro.
d) Voltímetro.

12. ¿Qué caracteriza al destornillador de electricista?

a) Tiene la cabeza delgada y la punta cuadrada y lisa.
b) Lleva el vástago de acero recubierto de una funda de plástico.
c) Tiene una pequeña lámpara de neón en el interior del mango transparente.
d) Es tipo estrella o cruciforme.

13. Si quisiéramos conocer la potencia consumida por un circuito eléctrico, deberíamos usar un/a:

a) Voltímetro.
b) Vatímetro.
c) Pinza amperimétrica.
d) Polímetro.

14. ¿En qué tipo de alumbrado el nivel de iluminación nominal no se alcanza hasta después de transcurridos unos minutos?

a) Halógenas.
b) Bombillas.
c) Lámparas LED.
d) Lámparas de bajo consumo.

15. ¿Cómo se llama la protección principal de cualquier instalación eléctrica?

a) ICP.
b) IGA.
c) Cuadro General de Mando.
d) Interruptor Diferencial.

16. Tiene como función la de controlar la potencia que consume la línea, desconectándose cuando la potencia consumida sea superior a la contratada:

a) ICP.
b) IAD.
c) IGA.
d) UVA.

17. ¿Cuál es el interruptor que se encarga de proteger a las personas de los contactos indirectos, conocido también como "salvavidas"?

a) Interruptor general automático.
b) Interruptor automático diferencial.
c) Interruptor de control de potencia.
d) Toma de tierra.

18. Todo sistema de puesta a tierra consta de varias partes. Señala la que no corresponda:

a) Línea principal de tierra.
b) Conductores de protección.
c) Tomas de tierra.
d) Fase del circuito eléctrico.

19. En un circuito eléctrico, ¿qué cable corresponde con la toma de tierra?

a) Negro.
b) Marrón.
c) Amarillo con una franja verde.
d) Azul.

20. Los interruptores que se utilizan para encender o apagar varias lámparas desde tres o más sitios indistintamente, se llaman:

a) Interruptor simple.
b) Interruptor de cruce.
c) Interruptor conmutado.
d) Interruptor en línea.

21. Base de enchufe tipo europeo, proviene de Alemania, cuya toma de tierra es lateral:

a) Conmutador.
b) Pulsador.
c) Clavija eléctrica.
d) Base de enchufe schuko.

22. Señala la respuesta incorrecta. Los elementos que componen una alarma son:

a) Central.
b) Pantalla.
c) Teclado.
d) Sensores.

23. El REBT establece que deben estar dotados de alumbrados de emergencia todos los locales que sean de pública concurrencia tales como los de espectáculos y actividades recreativas (cines, estadios, discotecas...), los de reuniones (templos, bares, salas de congresos...), de trabajo, sanitarios, así como cualquier local que tenga capacidad para más de:

a) 50 personas.
b) 1.000 personas.
c) 10 personas.
d) 100 personas.

24. Pieza de material aislante con dos varillas metálicas, las cuales se introducen en las hembrillas del enchufe para establecer una conexión eléctrica:

a) Interruptor.
b) Clavija eléctrica.
c) Conductor eléctrico.
d) Enchufe.

25. ¿Qué tipo de lámparas han de ser recicladas con tratamiento de residuos peligrosos?

a) Lámparas de bajo consumo.
b) Lámparas LED.
c) Lámparas halógenas.
d) Bombillas incandescentes.

26. Un cortocircuito se produce cuando:

a) El cable de alimentación y el de retorno de un aparato entran en contacto.
b) El cable de retorno entra en contacto con otro cable de retorno.
c) El circuito eléctrico funciona de manera ininterrumpida.
d) No existe cable de retorno.

27. El cable neutro es de color:

a) Marrón.
b) Negro.

c) Azul.

d) Amarillo con una franja verde.

28. Cuando una persona sufre un accidente eléctrico, lo primero que debe hacerse es:

a) Sujetarla con fuerza y tirar de ella.

b) Cortar la fuente de la alimentación de la corriente.

c) Esperar a que salte el diferencial.

d) Alejarse de ella lo antes posible.

29. Si al buscar con el buscapolos el cable que tiene tensión se enciende la luz, significa que tocamos:

a) Neutro.

b) Tierra.

c) Fase.

d) Receptor.

30. En un enchufe, si se observa que la carcasa que recubre los bornes tiene algún tipo de deformación o señal de que se ha incendiado parcialmente debido a un cortocircuito (el plástico quemado), se deberá cambiar:

a) La fase.

b) La base.

c) El neutro.

d) Los bornes.

Solución al test n.º 7

1. a) Los bornes zumban produciendo ruido.

2. c) Buscapolos.

3. b) De vástago.

4. c) Tres.

5. d) Desenroscar el aro de porcelana y la funda metálica para acceder a la base.

6. a) IAD.

7. b) Conductores eléctricos.

8. c) De puntas planas.

9. d) Luxómetro.

10. d) Amperio.

11. a) Galvanómetro.

12. b) Lleva el vástago de acero recubierto de una funda de plástico.

13. b) Vatímetro.

14. d) Lámparas de bajo consumo.

15. b) IGA.

16. a) ICP.

17. b) Interruptor automático diferencial.

18. d) Fase del circuito eléctrico.

19. c) Amarillo con una franja verde.

20. b) Interruptor de cruce.

21. d) Base de enchufe schuko.

22. b) Pantalla.

23. d) 100 personas.

24. b) Clavija eléctrica.

25. a) Lámparas de bajo consumo.

26. a) El cable de alimentación y el de retorno de un aparato entran en contacto.

27. c) Azul.

28. b) Cortar la fuente de la alimentación de la corriente.

29. c) Fase.

30. b) La base.

TEST N.º 8

Mecánica básica. Conocimiento, manejo y mantenimiento de herramientas básicas de mecánico (martillos, destornilladores, distintos tipos de llaves, sierras, taladro portátil, y otras herramientas)

1. ¿Cómo se llama el utensilio que se usa para darle forma a la chapa y se completa en esta labor con los golpes de martillo?

a) Bigornia.
b) Tas.
c) Regla de ajustador.
d) Mármol.

2. Herramienta que, cuando se alcanza ese par seleccionado en la llave, suena un "clic", y es aquí cuando hemos alcanzado el par seleccionado en la llave, y ya no tenemos que apretar más, sino, pasarnos a otro tornillo, ¿de qué llave estamos hablando?

a) Llave española.
b) Llave dinamométrica de carraca.
c) Llave Stillson.
d) Llave de fuerza.

3. La tajadera es una herramienta de mano que se utiliza generalmente gol-peándola con:

a) Martillo de peña.
b) Martillo de tapicero.
c) Martillo de chapista.
d) Maza.

4. La maceta es usada para golpear otras herramientas como pueden ser:

a) Clavos.
b) Escarpias.
c) Cortafríos.
d) Tirafondos.

5. ¿Cuál de los siguientes mangos es idóneo para las mazas?

a) Metal.
b) Cristal.
c) Polietileno.
d) Madera.

6. Este yunque es el lugar donde el herrero apoya el hierro al rojo vivo para golpearlo con las diferentes herramientas de golpeo. ¿Cómo se llama?

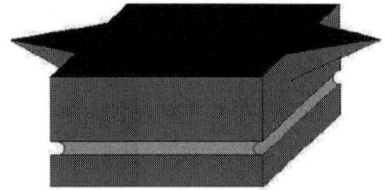

a) Tas.
b) Mármol.
c) Bigornia.
d) Rol.

7. ¿Cómo se llama el yunque con dos puntas opuestas?

a) Tas.
b) Bigornia.
c) Maza.
d) Maceta.

8. Es una herramienta combinada de acero y mango de madera, con cabeza cilíndrica y superficie de golpe plana:

a) Martillo de bola.
b) Martillo de peña.
c) Maceta.
d) Tas.

9. Martillo cuya peña es como un yunque pequeñito de acero templado u otros materiales. ¿De qué martillo hablamos?

a) De peña.
b) De uñas.
c) Alcotana.
d) De chapista.

10. Especie de martillo con el corte afilado:

a) Martillo de peña.
b) Martillo de bola.
c) Bujarda.
d) Tajadera.

11. Son herramientas compuestas por un mango y una cabeza metálica de gran peso, siendo para utilizar con una sola mano:

a) Maza.
b) Maceta.
c) Bigornia.
d) Pata de cabra.

12. Indica el tipo de vástago más común en las brocas:

a) Redondo.
b) Hexagonal.
c) Sds.
d) Cuadrado.

13. En las brocas espirales la zona por la que desalojan el material que se corta se denomina:

a) Astil.
b) Cuerpo helicoidal.
c) Punta o boca.
d) Vástago.

14. El movimiento de avance en el corte de metales de una broca espiral es del tipo:

a) Giro.
b) Rectilíneo.

c) Vibratorio.
d) Alterno.

15. ¿Cuántas puntas tienen las brocas para metal?

a) 1.
b) 2.
c) 3.
d) 4.

16. Durante el taladrado de metales la broca puede perder su dureza y embotarse. Indica el motivo:

a) Calor.
b) Frío.
c) Agrietamiento.
d) Desgaste.

17. Para sujetar las brocas de mango cilíndrico se utilizan portabrocas. ¿Cuántas mordazas de sujeción pueden tener estos?

a) 1 o 2.
b) 2 o 3.
c) 3 o 4.
d) 4 o 5.

18. Para taladrar acero con una broca de 10 mm de acero, ¿a cuántas revoluciones por minuto ajustarías la máquina taladradora?

a) 800.
b) 2.000.
c) 3.000.
d) 10.000.

19. ¿En qué año fue inventada la broca espiral?

a) 1863.
b) 1900.
c) 1921.
d) 1963.

20. ¿Cuántos movimientos proporciona el taladro a las brocas espirales?

a) 1.
b) 2.
c) 4.
d) 6.

21. En cualquier tipo de brocas, aparte de su diámetro, debemos también tener en cuenta a la hora de trabajar con ellas:

a) Ángulo de punta y paso de ranura.
b) Ángulo.
c) Ranura y longitud.
d) Ranura y tipo de metal.

22. Cuando hablamos de una herramienta que tiene entre sus características ángulo de la punta y paso de la ranura, ¿de qué herramienta hablamos?

a) Tornillo métrico.
b) Micrómetro.
c) Broca espiral.
d) Tajadera.

23. La sobremedida en agujeros realizados con brocas espirales es tanto mayor según el tipo de material. ¿En qué clase de materiales es mayor?

a) Semiduros.
b) Duros.
c) Blandos.
d) Es igual en todos los materiales.

24. El carborundo, ¿qué dureza alcanza en la escala de Monhs?

a) 9,5.
b) 8,5.
c) 8.
d) 7.

25. ¿Cuál, de las siguientes piedras, es la más dura?

a) Carborundo.
b) Pómez.
c) Basalto.
d) Diamante.

26. Las piedras de carborundo son usadas para:

a) Lubricar.
b) Refrigerar.
c) Afilar.
d) Componentes de pinturas.

27. Generalmente, ¿de qué color es el carborundo?

a) Azul.
b) Negro.
c) Gris.
d) Verde.

28. Las cardas son:

a) Brocas.
b) Limas.
c) Escofinas.
d) Cepillos de alambre.

29. Las cardas se utilizan generalmente para:

a) Taladrar.
b) Escariar.
c) Nivelar.
d) Limpiezas de limas, escofinas, etc.

30. ¿Cuál de los siguientes destornilladores tiene una huella (4 puntas) en cruz?

a) Torx.
b) Allen.
c) Hexagonal de interiores.
d) Pozodriv.

31. Tenemos en el mercado destornilladores de gran tamaño, los cuales, en la zona próxima al mango, es decir, al final del vástago, suelen tener una sección hexagonal, ¿qué misión tiene este hexágono?

a) Para poder sujetarlos con una llave fija o inglesa y así hacer mayor palanca en caso necesario.
b) Para poder sujetarlos con una llave Stillson y así hacer mayor palanca en caso necesario.
c) Para poder sujetarlos con una llave de carraca o trinquete y así hacer mayor palanca en caso necesario.
d) Para poder sujetarlos con una llave Allen y así hacer mayor palanca en caso necesario.

32. Los destornilladores automáticos están dotados de mecanismo que facilitan su movimiento. ¿Cómo se les conoce?

a) Destornilladores Pozidriv.
b) Destornilladores Philips.
c) Destornilladores de carraca.
d) Destornilladores de llave fija.

33. ¿Cuántas puntas tiene la estrella de un destornillador Pozidrivm?

a) 2.
b) 3.
c) 4.
d) 9.

34. ¿Cuántas puntas tiene la estrella de un destornillador Phillips?

a) 2.
b) 6.
c) 4.
d) 8.

35. ¿Cuántas puntas tiene la estrella de un destornillador Torx?

a) 4.
b) 6.
c) 8.
d) 10.

36. Los tamaños de las huellas de los destornilladores Phillips y Pozodrid se reflejan por:

a) Milímetros.
b) Letras.
c) Números.
d) Mixto (letra y número).

37. Los destornilladores especiales son también conocidos como:

a) Destornilladores de relojero.
b) Destornilladores de carrocero.
c) Destornilladores de carraca.
d) Destornilladores angulares.

38. ¿Cuál de los siguientes destornilladores es de precisión?

a) Destornillador angular.
b) Destornillador de carraca.
c) Destornillador de carrocero.
d) Destornillador de relojero.

39. ¿Cuáles son los conocidos como destornilladores de "carrocero"?

a) Relojero.
b) Mango corto.

c) Carraca.
d) Especiales.

40. Tiene la superficie redondeada en un extremo de la cabeza, que se utiliza para conformar o remachar metal y en la cara opuesta una superficie plana para golpear, y es una herramienta de las denominadas de percusión. ¿Como se llama este útil?

a) Maceta española.
b) Martillo de peña.
c) Martillo de uña.
d) Martillo de bola.

41. ¿Cuál de los siguientes martillos es el más utilizado en mecánica?

a) Martillo de uñas.
b) Martillo de peña.
c) Martillo de doble mocheta.
d) Martillo de bola.

42. Cuando usemos una electroafiladora, ¿qué es lo que no deberemos hacer?

a) Usaremos gafas de seguridad.
b) Mantendremos la piedra limpia y seca.
c) Afilaremos los útiles por los laterales de la piedra.
d) Colocaremos las piedras con sumo cuidado.

43. ¿En que influye el diámetro de las muelas en las electroafiladoras a la hora de realizar afilados?

a) A mayor diámetro mayor extensión y biseles más amplios.
b) A mayor diámetro menor extensión y biseles más amplios.
c) A mayor diámetro mayor extensión y biseles más cortos.
d) No tiene influencia en la extensión ni en los biseles.

44. ¿Cuál de las siguientes hojas para paicker es de gama baja o escasa dureza, para el corte de metales o aleaciones?

a) HSS-cobalto.
b) Bimetal-HSS.
c) HSS.
d) Carbono.

45. Las limas de taller tienen un tamaño de:

a) 30 cm.
b) 12 a 15 cm.

c) Inferior a 10 cm.
d) 20 cm.

46. Una lima de 10 a 15 entallas por centímetro cuadrado será del tipo:

a) Basta.
b) Fina.
c) Extrafina.
d) Semi-fina.

47. Una lima plana se utilizará para:

a) Trabajos en esquinas.
b) Pulir superficies.
c) Realizar agujeros.
d) Esquinas en punta.

48. La lima que sirve para hacer mayores los agujeros y trabajar radios estrechos, es:

a) Lima redonda.
b) Lima semicircular.
c) Lima triangular.
d) Lima plana.

49. Por su picadura las limas pueden clasificarse en:

a) Simples.
b) Dobles.
c) Triples.
d) Simples y dobles.

50. Para la limpieza de las limas usaremos:

a) Disolvente.
b) Carda.
c) Grafito.
d) Agua.

51. Indica, de las siguientes llaves para tuercas y tornillos, la que sea del tipo ajustable:

a) Inglesa.
b) Tubo.

c) Plana.
d) Vaso.

52. Indica, de las siguientes llaves, la que para su accionamiento precisa "moleta":

a) Inglesa.
b) Torx.
c) Allen.
d) Pico de loro.

53. ¿Con cuál de las siguientes llaves se pueden dañar las aristas de las tuercas y tornillos?

a) De tubo.
b) Inglesa.
c) Fija.
d) De vaso.

54. Indica, de las siguientes llaves, la que no sea fija:

a) Inglesa.
b) Tubo.
c) Estrella.
d) Estrella abierta.

55. Una herramienta apta para apretar y aflojar las tuercas que tiene graduable la parte que ha de adaptarse a la tuerca, se denomina:

a) Llave inglesa.
b) Llave fija.
c) Estrella.
d) Vaso.

56. ¿Cuál de las siguientes llaves en lugar de abrazar la tuerca entra en la ranura de la cabeza que lleva el tornillo?

a) Llave fija.
b) Llave Allen.
c) Llave inglesa.
d) Llave Stillson.

57. Las llaves Allen se utilizan para tornillos en cuya cabeza va embutido un:

a) Cuadrado.
b) Hexágono.

c) Una cruz.
d) Una estrella de seis puntas.

58. La parte más larga de la barra se usa para aproximar el tornillo o prisionero y la parte más corta para dar el apretado final usando la parte más larga como palanca. Estamos hablando de:

a) Destornillador de relojero.
b) Llave Allen.
c) Llave fija.
d) Llave dinamométrica.

59. Las cabezas de tornillos y tuercas hexagonales se comenzaron a fabricar:

a) Siglo II.
b) Siglo III.
c) Siglo XVI.
d) Siglo XX.

60. Cuando hablamos de llaves planas de tipo mixto nos referimos a una combinación del tipo:

a) Abierta-Allen.
b) Torx-Allen.
c) Abierta-estrella.
d) Estrella-estrella.

61. Para apretar tuercas hexagonales, ¿con qué herramienta se aprietan con mayor facilidad y más rápidamente?

a) Alicates universales.
b) Llave inglesa.
c) Llave Stillson.
d) Llave fija.

62. El tamaño de las bocas (caras paralelas) de las llaves fijas vienen en:

a) Letras.
b) ½ mm.
c) Mm.
d) Cm.

63. Las llaves planas pueden ser:

a) Boca simple.
b) Boca doble.

c) Boca simple-boca doble.
d) Boca simple, boca doble y boca mixta.

64. A la llave de trinquete o chicharra, ¿cómo se conoce?

a) Allen.
b) Torx.
c) Carraca.
d) Stillson.

65. Es una llave que nos permite el apretado o aflojado de las tuercas y tornillos sin necesidad de colocar la llave de nuevo (es reversible) transmite un gran par de apriete y aflojado. ¿Qué herramienta es?

a) Allen.
b) Plana fija.
c) Carraca.
d) Inglesa.

66. El paicker es una herramienta de:

a) Lijado.
b) Serrado.
c) Taladrado.
d) Marcaje.

67. Para cortar material duro colocaremos en el Paicker una hoja, cuyo dentado por pulgada será de:

a) 10 a 12 dientes.
b) 12 a 14 dientes.
c) 20 a 22 dientes.
d) 24 a 32 dientes.

68. ¿Cuál de las siguientes afirmaciones es correcta sobre el mantenimiento de las herramientas manuales?

a) Las llaves inglesas deben usarse incluso si tienen grasa endurecida, siempre que la moleta funcione.
b) Los destornilladores pueden limarse si su punta es de estrella y está redondeada.
c) Las llaves Allen deben sustituirse si están torcidas o sus esquinas están gastadas.
d) Las limas pueden guardarse juntas para ahorrar espacio, siempre que estén secas.

69. Los taladros eléctricos de mano suelen admitir brocas hasta un diámetro de:

a) 13 mm.
b) 15 mm.

c) 18 mm.
d) 20 mm.

70. ¿Qué afirmación sobre el uso y mantenimiento de los portapuntas es correcta?

a) Se recomienda guardarlos en cualquier caja de herramientas sin necesidad de estuche.
b) No es necesario revisar el imán si el portapuntas sigue sujetando.
c) Se deben limpiar regularmente y revisar el sistema de presión o imán.
d) Los portapuntas no requieren mantenimiento si se usan con cuidado.

Solución al test n.º 8

1. b) Tas.

2. b) Llave dinamométrica de carraca.

3. d) Maza.

4. c) Cortafríos.

5. d) Madera.

6. c) Bigornia.

7. b) Bigornia.

8. a) Martillo de bola.

9. d) De chapista.

10. d) Tajadera.

11. b) Maceta.

12. a) Redondo.

13. b) Cuerpo helicoidal.

14. b) Rectilíneo.

15. a) 1.

16. a) Calor.

17. b) 2 o 3.

18. a) 800.

19. a) 1863.

20. b) 2.

21. a) Ángulo de punta y paso de ranura.

22. c) Broca espiral.

23. c) Blandos.

24. a) 9,5.

25. d) Diamante.

26. c) Afilar.

27. d) Verde.

28. d) Cepillos de alambre.

29. d) Limpiezas de limas, escofinas, etc.

30. d) Pozodriv.

31. a) Para poder sujetarlos con una llave plana o inglesa y así hacer mayor palanca en caso necesario.

32. c) Destornilladores de carraca.

33. c) 4.

34. c) 4.

35. b) 6.

36. c) Números.

37. d) Destornilladores angulares.

38. d) Destornillador de relojero.

39. b) Mango corto.

40. d) Martillo de bola.

41. d) Martillo de bola.

42. c) Afilaremos los útiles por los laterales de la piedra.

43. a) A mayor diámetro mayor extensión y biseles más amplios.

44. d) Carbono.

45. a) 30 cm.

46. a) Basta.

47. b) Pulir superficies.

48. a) Lima redonda.

49. d) Simples y dobles.

50. b) Carda.

51. a) Inglesa.

52. a) Inglesa.

53. b) Inglesa.

54. a) Inglesa.

55. a) Llave inglesa.

56. b) Llave Allen.

57. b) Hexágono.

58. b) Llave Allen.

59. c) Siglo XVI.

60. c) Abierta-estrella.

61. d) Llave fija.

62. c) Mm.

63. d) Boca simple, boca doble y boca mixta.

64. c) Carraca.

65. c) Carraca.

66. b) Serrado.

67. d) 24 a 32 dientes.

68. c) Las llaves Allen deben sustituirse si están torcidas o sus esquinas están gastadas.

69. a) 13 mm.

70. c) Se deben limpiar regularmente y revisar el sistema de presión o imán.

TEST N.º 9

Carpintería Metálica. Operaciones básicas de cerrajería (ajuste de puertas y ventanas, cerraduras y bombines, mantenimiento de mobiliario metálico)

1. ¿Cuál es una característica distintiva de la carpintería metálica respecto a la carpintería tradicional?

a) Se enfoca solo en la producción en masa.
b) Permite trabajar con una gran variedad de metales.
c) Solo se utiliza en construcciones industriales.
d) No permite personalización en sus diseños.

2. ¿Cuál de los siguientes metales no se menciona como material común en carpintería metálica?

a) Acero galvanizado.
b) Aluminio.
c) Cobre.
d) Hierro.

3. ¿Qué herramienta se usa habitualmente para verificar el nivel y la alineación de un marco metálico?

a) Amoladora.
b) Llave Allen.
c) Nivel de burbuja o nivel láser.
d) Cinta métrica.

4. ¿Qué se recomienda hacer si una bisagra metálica está floja?

a) Ajustar o apretar sus tornillos o remaches.
b) Pintarla con esmalte sintético.
c) Limarla para reducir su tamaño.
d) Aplicar barniz para fijarla.

5. Las bisagras quebradas se emplean en puertas en las que:

a) El bastidor no queda en el mismo plano que el marco.
b) El bastidor sobresale sobre el marco.
c) El rebajo de la hoja es muy profundo.
d) Todas las anteriores.

6. La cerradura que más se usa para muebles es:

a) Cerradura de gancho.
b) Cerradura de embutir.
c) Cerradura invisible.
d) Todas las anteriores.

7. ¿Qué parte de la cerradura recibe también el nombre de "golpe"?

a) El resbalón.
b) El bulón.
c) El bombín.
d) La bisagra.

8. ¿Cómo se denominan a los ejes centrales de las bisagras?

a) Pasadores.
b) Múltiplos.
c) Alas.
d) Charnelas.

9. La rotura de una pieza de una ventana de aluminio podrá ser reparada con relativa facilidad:

a) Siempre que existan soldaduras y remaches.
b) Siempre y cuando se trate de piezas grandes.
c) Siempre y cuando se trate de piezas engarzadas.
d) Siempre que sean prefabricadas.

10. El engrase de las bisagras bastará con:

a) 1 o 2 veces al año.
b) 2 o 3 veces al año.
c) 3 o 4 veces al año.
d) No es necesario.

11. Para el arreglo de un inglete o un perfil de una pieza de PVC utilizaremos:

a) Cola de contacto.
b) Tornillos.
c) Una masilla para PVC.
d) Ninguna de las opciones anteriores es correcta.

12. Los cristales suelen fijarse al marco de aluminio de la ventana con:

a) Listones de madera.
b) Masilla.
c) Resina.
d) Tiras de goma elástica.

Solución al test n.º9

1. b) Permite trabajar con una gran variedad de metales.

2. c) Cobre.

3. c) Nivel de burbuja o nivel láser.

4. a) Ajustar o apretar sus tornillos o remaches.

5. b) El bastidor sobresale sobre el marco.

6. d) Todas las anteriores.

7. a) El resbalón.

8. a) Pasadores.

9. c) Siempre y cuando se trate de piezas engarzadas.

10. a) 1 o 2 veces al año.

11. c) Una masilla para PVC.

12. d) Tiras de goma elástica.

TEST N.º 10

Fontanería. Conocimiento, manejo y mantenimiento de herramientas básicas de fontanero. Mantenimiento de instalaciones de fontanería (sanitarios, grifería, cisternas, sifones)

1. La soldadura de tubos de cobre que se realiza con aglutinantes y funden a más de 700º C se denomina:

a) Soldadura blanda.
b) Soldadura por capilaridad.
c) Soldadura fuerte.
d) Soldadura en frío.

2. ¿Qué tipo de herramienta utilizaremos para el corte de tubos de PVC?

a) Cortatubos.
b) Racores de compresión de arandelas de plástico.
c) Tijeras de corte.
d) Cualquier tipo de sierra.

3. Para desatascar los bajantes, lo mejor es desmontarlos de su conexión con canalones y arquetas y proceder a su desembozado mediante el sistema de:

a) Uso de ventosas.
b) Varillado.
c) Uso de desatascadores químicos.
d) Uso de paleta apropiada.

4. Una de las medidas provisionales de urgencia que podemos tomar en la reparación de escapes y reventones de tuberías es:

a) Cortar la sección donde esté la fisura e insertar una nueva sección del mismo grosor y material, enroscada mediante dos racores.
b) Si el escape se produce en un racor que soporta una elevada presión, desmontarlo y envolver la rosca en cinta de teflón.

c) Cubrir la zona de fuga, agujero o grieta, con una tira de goma plástica sujeta mediante abrazaderas de tornillos bien apretadas.

d) Cortar la tubería a ambos lados de la fuga a una distancia de 2 cm. de longitud para intercalar un racor a presión, comprimiéndolo entre las dos bocas de tubería y ajustándolo mediante el giro opuesto de dos llaves.

5. Los malos olores procedentes de los desagües se deben de detener mediante los sifones. ¿Qué forma debería tener un sifón para mantener un nivel permanente de agua que choque contra los malos olores?

a) P.
b) Z.
c) S.
d) La respuesta a) y c) son correctas.

6. La parte de la cisterna que impide que siga entrando agua cuando la cisterna o depósito están llenos es:

a) Válvula de charnela.
b) Válvula del flotador.
c) Sifón.
d) Palanca de descarga.

7. ¿Cuál es el procedimiento correcto para descongelar una tubería bloqueada por hielo?

a) Cerrar el grifo más cercano y aplicar agua fría a la tubería.
b) Abrir el grifo más próximo y calentar la tubería desde la punta más cercana al grifo hacia atrás.
c) Aplicar directamente calor en cualquier parte de la tubería sin abrir grifos.
d) Romper la tubería para eliminar el hielo.

8. ¿Cuál de las siguientes afirmaciones describe correctamente la distribución del agua en un edificio?

a) La red de agua fría y la de agua caliente se distribuyen en paralelo y ambas coinciden en la red de desagüe.
b) La red de agua caliente se conecta directamente a la tubería principal sin control.
c) La red de desagüe está hecha principalmente de cobre o acero galvanizado.
d) La llave de paso y el contador se encuentran en la red de desagüe para controlar el agua sucia.

9. ¿Cuál es el nombre de la llave conocida como grifa?

a) Dullan.
b) Allen.

c) Torx.
d) Stillson.

10. ¿Qué nombre reciben las piezas de metal u otro material que sirven para asegurar algunas cosas ciñéndolas?

a) Junta plana.
b) Abrazaderas.
c) Junta tórica.
d) Latiguillos.

11. Las juntas que están diseñadas para contener el paso del humo y gases de un compartimento a otro dentro de un mismo edificio se denominan:

a) Estancas.
b) Intumescentes.
c) Planas.
d) Tóricas.

12. La llave de paso que en posición abierta deja el paso del agua de forma total y en posición de cerrado, cierra el paso herméticamente, se denomina:

a) De compuerta.
b) De escuadra.
c) Normal.
d) De empotrar cuello largo.

13. Los grifos que tienen una boquilla fija o móvil, por la cual puede pasar el agua caliente o fría, o también mezcladas si lo precisamos, se denominan:

a) Sencillos.
b) Dosificador termostático.
c) Mezcladores.
d) De dos palancas.

14. En las pilas de dos senos, ¿cuántos sifones colocaremos?

a) No es necesario un sifón.
b) Uno para cada seno.
c) Uno para ambos senos.
d) Ninguna de las anteriores es correcta.

15. De las siguientes características, indica cuál no es propia de las tuberías de cobre:

a) Es un metal de color rojo salmón.
b) Es un buen conductor de la electricidad.

c) Con la humedad se recubre de una capa de óxido llamada "cardenillo".
d) Es un mal conductor del calor.

16. En la acometida o entrada general de agua en las viviendas, las tuberías suelen tener el siguiente diámetro de tubo:

a) 18 mm.
b) 22 mm.
c) 15 mm.
d) 20 mm.

17. Entre las siguientes afirmaciones sobre las tuberías de hierro, existe una que no es correcta:

a) El hierro negro está permitido para su uso en conducciones de agua potable.
b) Actualmente están prohibidas.
c) Son más difíciles de manipular.
d) Existen dos grupos de tuberías de hierro: negro y galvanizado.

18. ¿Cuál no es una ventaja de las tuberías de PVC?

a) No les afectan las heladas.
b) Son muy ligeras.
c) Son económicas.
d) Se oxidan.

19. ¿Cuál es el sistema que debemos usar para la unión de tuberías de PVC?

a) Pegado.
b) Soldado.
c) Roscado.
d) Ninguna de las anteriores es correcta.

20. La pasta hecha de tiza y aceite de linaza, usada para sujetar cristales es:

a) Masilla.
b) Silicona.
c) Pasta de papel.
d) Goma-espuma.

21. ¿Cuál es una característica de la goma-espuma?

a) Tiene baja adhesión.
b) Los restos de goma-espuma no se pueden eliminar.
c) No se puede pintar cuando está seca.
d) Crece 2 o 3 veces de volumen en una hora.

22. La herramienta que se utiliza para ensanchar o ampliar la boca de los tubos se conoce con el nombre de:

a) Abocinador.
b) Abocardador.
c) Mandril.
d) Curvadora.

23. ¿Qué otro nombre recibe el soplete que suele utilizar el fontanero para soldar cobre, plomo, etc.?

a) Sopletín.
b) Pistola de soldar.
c) Lámpara de soldar.
d) Todas las respuestas son correctas.

24. Señala el nombre que reciben las herramientas que se utilizan para realizar roscas a mano para pernos, tornillos y otras piezas cilíndricas:

a) Terrazas.
b) Terrajas.
c) Tinajas.
d) Tenazas.

25. La llave que proporciona potencia de agarre sin arañar ni deformar los tubos de plástico o metal pulido, que se utiliza en tubos de plástico, filtros o cualquier superficie resbaladiza o lisa, se denomina:

a) Llave dullan.
b) Tenazas para tubos.
c) Pico de loro.
d) Llave de cinta.

26. La llave que se caracteriza por tener un pivote en uno de sus extremos que se introduce en el chavetero o ranura de algunas tuercas especiales para aflojar o apretar estas se llama:

a) Stillson.
b) De medio punto.
c) Grip de cadena.
d) Grip de correa.

27. ¿Cómo se llama el tornillo para sujetar tubos en el que se realiza el apriete por medio de una manivela situada en la parte superior del tornillo?

a) Mordaza.
b) Cadena.

c) Cortatubos.
d) Ninguna de las anteriores es correcta.

28. ¿Cuál de las siguientes medidas de seguridad no es adecuada en el uso de la lámpara de soldar?

a) Mantenerla encendida, aun cuando no la necesitemos, para ahorrar tiempo.
b) Mantener la botella alejada de cualquier foco de calor.
c) No dejar mecheros de gas encima de la mesa de soldar o zona de trabajo.
d) Usar guantes aislantes del color en la manipulación de las tuberías recién soldadas.

29. Con la herramienta de realizar curvaturas en los tubos de cobre, podemos realizar ángulos de:

a) 25°.
b) 45°.
c) 135°.
d) Las respuestas b) y c) son correctas.

30. La herramienta diseñada para dar diferentes formas a las bocas de los tubos de metal es:

a) Abocinador.
b) Abocardador.
c) Cortatubo telescópico.
d) Curvadora.

Solución al test n.º 10

1. c) Soldadura fuerte.

2. d) Cualquier tipo de sierra.

3. b) Varillado.

4. c) Cubrir la zona de fuga, agujero o grieta, con una tira de goma plástica sujeta mediante abrazaderas de tornillos bien apretadas.

5. d) Las respuestas a) y c) son correctas

6. b) Válvula del flotador.

7. b) Abrir el grifo más próximo y calentar la tubería desde la punta más cercana al grifo hacia atrás.

8. a) La red de agua fría y la de agua caliente se distribuyen en paralelo y ambas coinciden en la red de desagüe.

9. d) Stillson.

10. b) Abrazaderas.

11. b) Intumescentes.

12. a) De compuerta.

13. c) Mezcladores.

14. c) Uno para ambos senos.

15. d) Es un mal conductor del calor.

16. b) 22 mm.

17. a) El hierro negro está permitido para su uso en conducciones de agua potable.

18. d) Se oxidan.

19. c) Roscado.

20. a) Masilla.

21. d) Crece 2 o 3 veces de volumen en una hora.

22. b) Abocardador.

23. c) Lámpara de soldar.

24. b) Terrajas.

25. d) Llave de cinta

26. b) De medio punto.

27. a) Mordaza.

28. a) Mantenerla encendida, aun cuando no la necesitemos, para ahorrar tiempo.

29. d) Las respuestas b) y c) son correctas.

30. a) Abocinador.

TEST N.º 11

Calefacción. Mantenimiento de instalaciones de calefacción (circuitos, llenado y purgado del aire. Radiadores. Salas de calderas, elementos importantes)

1. ¿Cuál es el objetivo principal de una instalación de calefacción?

a) Refrigerar espacios interiores.
b) Aportar calor para mantener el confort térmico.
c) Ventilar estancias cerradas.
d) Controlar la humedad ambiental.

2. ¿Qué elemento se encarga de generar calor en una instalación de calefacción?

a) Radiador.
b) Termostato.
c) Caldera.
d) Bomba de circulación.

3. ¿Qué tipo de sistema de calefacción sirve a múltiples viviendas desde una única fuente de generación?

a) Individual.
b) Centralizado.
c) Autónomo.
d) Independiente.

4. ¿Cuál de estos elementos forma parte del circuito de distribución?

a) Radiador.
b) Termostato.
c) Tuberías.
d) Quemador.

5. El termostato tiene como función:

a) Encender la caldera.
b) Aumentar la presión del agua.
c) Detectar fugas de gas.
d) Regular la temperatura del ambiente.

6. ¿Qué diferencia fundamental hay entre una instalación bitubo y monotubo?

a) El modo en que se distribuye el agua en los radiadores.
b) La presión de trabajo.
c) La fuente de energía utilizada.
d) La ubicación de la caldera.

7. ¿Cuál es el propósito del vaso de expansión en un circuito cerrado?

a) Filtrar impurezas.
b) Compensar las variaciones de volumen del agua por temperatura.
c) Mejorar la calidad del aire.
d) Aumentar el caudal de circulación.

8. El purgado de radiadores se realiza para:

a) Cambiar el agua.
b) Eliminar el aire acumulado en el circuito.
c) Vaciar la instalación.
d) Limpiar los emisores.

9. ¿Qué indica una presión muy baja en el manómetro de la instalación?

a) Posible pérdida de agua o falta de llenado.
b) Fallo del termostato.
c) Combustión incorrecta.
d) Aire en exceso en el vaso de expansión.

10. ¿Cuál de estos elementos se considera un emisor térmico?

a) Quemador.
b) Radiador.
c) Bomba.
d) Chimenea.

11. ¿Qué componente impulsa el agua caliente a través del circuito?

a) Caldera.
b) Termostato.

c) Bomba de circulación.
d) Radiador.

12. En el proceso de llenado del sistema, ¿qué debe hacerse primero?

a) Encender la caldera.
b) Abrir la llave de llenado y controlar la presión.
c) Purgar los radiadores.
d) Apagar el termostato.

13. ¿Qué temperatura de impulsión se recomienda para un sistema convencional?

a) 30 -40 º C.
b) 60-70 º C.
c) 80-90 º C.
d) 20-30 º C.

14. ¿Qué tipo de mantenimiento busca prevenir fallos antes de que ocurran?

a) Correctivo.
b) Preventivo.
c) Activo.
d) Predictivo.

15. ¿Con qué frecuencia se recomienda hacer una revisión completa?

a) Cada 6 meses.
b) Cada 2 años.
c) Una vez al año.
d) Cada trimestre.

16. ¿Qué problema puede causar aire en el circuito de calefacción?

a) Mayor eficiencia.
b) Disminución de la presión.
c) Funcionamiento anómalo de los radiadores.
d) Combustión incompleta.

17. ¿Cuál es la función de las válvulas termostáticas en los radiadores?

a) Regular la temperatura de cada estancia.
b) Encender la caldera.
c) Elevar la presión del circuito.
d) Purificar el agua.

18. De acuerdo con el Real Decreto 809/2021, de 21 de septiembre, por el que se aprueba el Reglamento de equipos a presión y sus instrucciones técnicas complementarias, en una caldera de calefacción, la presión máxima admisible (PS) es:

a) La presión máxima para la que está diseñado el equipo, especificada por el fabricante.
b) La presión más alta, en las condiciones de funcionamiento, que puede alcanzar un equipo o instalación.
c) La presión a la que está tarado el elemento de seguridad que protege al equipo.
d) La presión a la que se somete el equipo para comprobar su resistencia.

19. ¿Qué parte de la caldera debe revisarse para evitar la acumulación de hollín?

a) Intercambiador de calor.
b) Quemador de gas.
c) Vaso de expansión.
d) Manómetro.

20. ¿Qué sistema se usa para evacuar los gases de combustión?

a) Ventilador.
b) Cámara de expansión.
c) Chimenea o conducto de evacuación.
d) Termostato.

21. Referente a una caldera acuotubular podemos decir que:

a) No es un equipo a presión.
b) Es una caldera de baja temperatura de agua.
c) Es una caldera formada por una carcasa de acero con un haz tubular por el que circulan los humos de la combustión y que calientan el agua que se encuentra por el exterior de los tubos.
d) Es una caldera que consiste en un paquete de tubos por los que circula el agua y que es atravesado exteriormente por el flujo de gases calientes.

22. ¿Cuál es la causa común de la sobrepresión en el sistema?

a) Radiadores sucios.
b) Aire en las tuberías.
c) Fallo en el vaso de expansión.
d) Caldera apagada.

23. ¿Qué instrumento permite saber si hay una pérdida de presión?

a) Termostato.
b) Sensor de temperatura.

c) Manómetro.
d) Intercambiador.

24. ¿Qué función tiene un cronotermostato?

a) Programar horarios y temperatura ambiente.
b) Detectar CO2.
c) Medir la presión.
d) Llenar el sistema automáticamente.

25. ¿Qué tipo de mantenimiento se realiza tras una avería?

a) Preventivo.
b) Correctivo.
c) Predictivo.
d) Autónomo.

26. ¿Qué puede indicar un radiador frío en la parte superior?

a) Aire acumulado.
b) Exceso de presión.
c) Fallo eléctrico.
d) Válvula cerrada.

27. Según el Reglamento RITE 1027/2007, las tuberías y equipos de instalaciones térmicas dispondrán de aislamiento térmico cuando tengan fluidos:

a) Con temperatura superior a 40ºC.
b) Para las tuberías con fluidos a temperaturas superiores a 40ºC cuando discurran por locales no calefactados.
c) Tendrán, en cualquier caso, aislamiento térmico todas las tuberías y equipos de instalaciones térmicas.
d) Con temperatura superior a 30ºC.

28. ¿Qué elemento protege la instalación frente a exceso de presión?

a) Termostato.
b) Quemador.
c) Filtro de lodos.
d) Válvula de seguridad.

29. ¿Qué tecnología permite el control remoto de una instalación térmica?

a) Filtro automático.
b) Telegestión.

c) Intercambiador modular.
d) Purgador digital.

30. ¿Qué potencia térmica total instalada clasifica a una sala de calderas como una gran instalación centralizada?

a) Hasta 70 kW.
b) Entre 70 y 150 kW.
c) Más de 400 kW.
d) Entre 100 y 300 kW.

Solución al test n.º 11

1. b) Aportar calor para mantener el confort térmico.

2. c) Caldera.

3. b) Centralizado.

4. c) Tuberías.

5. d) Regular la temperatura del ambiente.

6. a) El modo en que se distribuye el agua en los radiadores.

7. b) Compensar las variaciones de volumen del agua por temperatura.

8. b) Eliminar el aire acumulado en el circuito.

9. a) Posible pérdida de agua o falta de llenado.

10. b) Quemador.

11. c) Bomba de circulación.

12. b) Abrir la llave de llenado y controlar la presión.

13. b) 60-70 º C.

14. b) Preventivo.

15. c) Una vez al año.

16. c) Funcionamiento anómalo de los radiadores.

17. a) Regular la temperatura de cada estancia.

18. a) La presión máxima para la que está diseñado el equipo, especificada por el fabricante.

19. a) Intercambiador de calor.

20. c) Chimenea o conducto de evacuación.

21. d) Es una caldera que consiste en un paquete de tubos por los que circula el agua y que es atravesado exteriormente por el flujo de gases calientes

22. c) Fallo en el vaso de expansión.

23. c) Manómetro.

24. a) Programar horarios y temperatura ambiente.

25. b) Correctivo.

26. a) Aire acumulado.

27. b) Para las tuberías con fluidos a temperaturas superiores a 40°C cuando discurran por locales no calefactados.

28. d) Válvula de seguridad.

29. b) Telegestión.

30. c) Más de 400 kW.

TEST N.º 12

Carpintería de madera. Conocimiento, manejo y mantenimiento de herramientas básicas de carpintero (martillos, sierras, formones, taladro eléctrico, lijas, colas, y otras herramientas y accesorios). Operaciones básicas de carpintería (ajuste de puertas y ventanas). Cerraduras y bombines. Persianas: Tipos, mantenimiento y reparación

1. El mantenimiento de los muebles de madera obedece principalmente a tres aspectos: conservación de la madera, restauración de su acabado y reparación de las roturas. ¿Cuál de estas prácticas es propia de la conservación de la madera?

a) Limpieza de la zona afectada: con un formón o una lija, o bien un cepillo, se descama la madera hasta eliminar toda la superficie carcomida.
b) Solo en las superficies barnizadas es posible desarrollar un mantenimiento a base de cuidar el acabado con tratamientos de nuevos barnices y ceras.
c) Es necesario revisar periódicamente los muebles y rociar sobre estos productos antiparásitos.
d) Es preciso desmontar la pieza suelta y volver a encolar con cola blanca para madera.

2. Las cerraduras son elementos de seguridad que bloquean el paso de ventanas y puertas. ¿Cuál de estos modelos de cerradura son las que se introducen en el canto de la puerta mediante una caja lograda con escoplo?

a) Cerraduras de embutir.
b) Cerraduras superpuestas.
c) Cerradura de tambor.
d) Ninguna de las anteriores es correcta.

3. En algunas ocasiones, las puertas se descuelgan o rozan con el suelo o el marco de la puerta, ¿cuál de estas respuestas indica la solución a los rozamientos de las puertas?

a) Para su arreglo se utiliza una masilla para PVC.
b) Pueden fijarse con listones de madera o masilla (marcos de madera) o con tiras de goma elástica (marcos de aluminio).

c) Se pueden introducir arandelas gruesas entre las bisagras para elevar 1 o 2 milímetros su altura.

d) Puede ser reparada con relativa facilidad siempre y cuando se trate de piezas engarzadas.

4. Señala cuál de las siguientes opciones constituye el primer paso en el proceso para arreglar la cinta de una persiana:

a) Volver a atornillar el cajón superior y colocar el resorte inferior empotrado a la pared.
b) Desatornillar el resorte inferior que enrolla la cinta.
c) Desatornillar el cajón superior de la ventana eliminando el resto de cinta rota.
d) Fijar la nueva cinta al tambor de la persiana.

5. ¿En cuál de estos aglomerados la madera es vulnerable a los cambios atmosféricos, sobre todo, a los debidos a la humedad?

a) Aglomerado de contrachapado.
b) Aglomerado de chapado.
c) Las respuestas a) y b) son correctas.
d) Ninguna de las anteriores es correcta.

6. Señala a qué clase de contrachapado corresponde la siguiente definición: "está indicado para usos industriales en los que la resistencia y durabilidad son las características primordiales. Las caras suelen ser de peor calidad":

a) Contrachapado náutico.
b) Contrachapado estructural.
c) Contrachapado exterior.
d) Contrachapado interior.

7. Dentro del canteado de tableros, hay dos técnicas interesantes, según sea el canto que usemos. Señala una de esas dos técnicas, que aparece entre las opciones:

a) Melamínico.
b) Algodón.
c) Rechapado.
d) Encolado.

8. ¿Qué es un ensamble?

a) Es el acoplamiento de la cabeza del martillo con el mango.
b) Es encolar una chapa de madera en la cara de un tablero.
c) Es el acoplamiento de dos piezas en ángulo.
d) Es encolar una chapa de madera al canto de un tablero.

9. El lijado de la madera:

a) Se realiza en el sentido de la veta.
b) Se realiza en el sentido contrario a la veta.
c) Se realiza en círculos.
d) Se realiza en el sentido de la veta y en el contrario dependiendo de si es en el exterior o en el interior.

10. ¿Cuál de las siguientes afirmaciones es correcta en lo relativo al barnizado?

a) La fuerza y la velocidad pueden, generalmente, graduarse en todos los modelos.
b) Entre mano y mano de cualquier barniz, meteremos la brocha en agua, al no secarse el barniz las cerdas no se pegan.
c) El efecto de la veladura coloreada, a la vez que asoma la beta de la madera, se logra añadiendo el color en el diluyente y no directamente sobre el barniz.
d) Las respuestas b) y c) son correctas.

11. ¿Qué huellas cruciformes son las más utilizas para el apretado de tirafondos?

a) Pozidrid y Phillips.
b) Torx y Securit.
c) Allen.
d) Plana.

12. El tamaño de las huellas de los destornilladores cruciformes es por:

a) Letras.
b) Números.
c) Fracciones.
d) Pulgadas.

13. Las brocas se usan para realizar:

a) Agujeros.
b) Cepillar.
c) Atornillar.
d) Lijar.

14. ¿Cuántos movimientos proporciona el taladro a las brocas espirales?

a) 1.
b) 2.
c) 4.
d) 6.

15. En cualquier tipo de brocas, aparte de su diámetro, debemos también tener en cuenta a la hora de trabajar con ellas otras características como son:

a) Ángulo de punta y paso de ranura.
b) Ángulo.
c) Ranura y longitud.
d) Ranura y tipo de metal.

16. Las brocas espirales tienen una zona por la que desalojan el material que se corta. Se denomina:

a) Astil.
b) Cuerpo helicoidal.
c) Unta o boca.
d) Vástago.

17. El movimiento de avance en el corte de metales de una broca espiral es del tipo:

a) Giro.
b) Rectilíneo.
c) Vibratorio.
d) Alterno.

18. La broca de "pala de remo" se conoce también como:

a) De mampostería.
b) Para metales.
c) Plana.
d) Para bisagras de cazuela.

19. Los dientes de un serrucho, para un buen funcionamiento, deberán estar alternativamente doblados a derecha e izquierda. Esta alternancia recibe el nombre de:

a) Triscado.
b) Paso de diente.
c) Serpentín.
d) Moleteado.

20. Consiste básicamente en una especie de H articulada en la que en la parte inferior se sitúa la hoja de sierra (intercambiable) y en la superior un tensor con una cuerda y un listón que se encaja en el tramo intermedio de la H. ¿De qué herramienta estamos hablando?

a) Serrucho de costilla.
b) Sierra de calar.

c) Segueta.
d) Sierra de San José.

21. Se conoce como sierra de chapear al:

a) Cúter.
b) Serrucho de costilla.
c) Cortachapas.
d) Sacabocados.

22. Las escofinas se utilizan en:

a) Metales.
b) Maderas y aglomerados.
c) Vidrios.
d) Perfilados de morteros.

23. Para devastar usaremos una:

a) Lima.
b) Lija.
c) Escofina.
d) Lana de acero.

24. ¿Qué herramienta tiene parecido a un rallador de cocina?

a) Arel.
b) Lima surform.
c) Escofina.
d) Tirolesa.

25. La lija fabricada con abrasivo de corindón es muy dura ya que el corindón alcanza una dureza en la escala de Monhs de:

a) 2.
b) 3.
c) 7.
d) 9.

26. La hoja del escoplo es más fuerte y gruesa que la del formón y carece de biseles en sus laterales. Su ángulo de corte es de:

a) 60º.
b) 30º.

c) 90º.

d) 20º.

27. Si vamos a realizar una caja de dieciocho milímetros de ancho en una pieza de madera, ¿qué anchura deberá tener el escoplo para realizar una buena caja?

a) 18 mm.

b) 12 mm.

c) 25 mm.

d) Es indiferente.

28. En las persianas de madera, ¿cómo se llaman las canaladuras por las que discurren las lamas en su desplazamiento?

a) Guías.

b) Rodillo.

c) Polea.

d) Cinta.

29. En la reparación de ventanas, la forma más sencilla de arreglar el que uno de los batientes se haya bajado uniformemente es:

a) Lijar la parte inferior de la ventana hasta rebajarla.

b) Lijar la parte superior de la ventana hasta rebajarla.

c) Sacar la ventana y colocar arandelas para bisagras.

d) Cambiar las bisagras.

30. Las manillas pueden ser:

a) De leva o de botón.

b) De palanca o de punzón.

c) De pedal o de botón.

d) Sencilla o de escudo integrado.

Solución al test n.º 12

1. c) Es necesario revisar periódicamente los muebles y rociar sobre estos productos antiparásitos.

2. a) Cerraduras de embutir.

3. c) Se pueden introducir arandelas gruesas entre las bisagras para elevar 1 o 2 milímetros su altura.

4. b) Desatornillar el resorte inferior que enrolla la cinta.

5. a) Aglomerado de contrachapado.

6. b) Contrachapado estructural.

7. d) Encolado.

8. c) Es el acoplamiento de dos piezas en ángulo.

9. a) Se realiza en el sentido de la veta.

10. d) Las respuestas b) y c) son correctas.

11. a) Pozidrid y Phillips.

12. b) Números.

13. a) Agujeros.

14. b) 2.

15. a) Ángulo de punta y paso de ranura.

16. b) Cuerpo helicoidal.

17. b) Rectilíneo.

18. c) Plana.

19. a) Triscado.

20. d) Sierra de San José.

21. c) Cortachapas.

22. b) Maderas y aglomerados.

23. c) Escofina.

24. b) Lima surform.

25. d) 9.

26. a) 60º.

27. a) 18 mm.

28. a) Guías.

29. c) Sacar la ventana y colocar arandelas para bisagras.

30. d) Sencilla o de escudo integrado.

TEST N.º 13

Jardinería. Conocimiento, manejo y mantenimiento de herramienta básica de jardinería (tijeras de poda, cortacésped, escarificadora, desbrozadora, cortasetos, azadas, palas, rastrillos, y otras herramientas). Operaciones básicas de mantenimiento de jardines (colocación de aspersores, regulación y puesta en funcionamiento, conservación de instalaciones de riego, limpieza, calendario de labores de conservación de jardines). Conocimientos básicos de aplicación de productos para el jardín (abono, insecticidas, planificación de fertilización, buenas prácticas ambientales en el uso de productos fitosanitario)

1. ¿Cuál es la función principal de la herramienta "tijeras de podar"?

a) Cortar césped.
b) Cortar ramas pequeñas.
c) Remover tierra.
d) Plantar semillas.

2. ¿Qué herramienta es ideal para cortar ramas gruesas en jardinería?

a) Tijeras de mano.
b) Motosierra.
c) Pala.
d) Rastrillo.

3. ¿Por qué es importante desinfectar las herramientas después de su uso?

a) Para que duren más tiempo.
b) Para que se vean limpias.
c) Para evitar la transmisión de enfermedades entre plantas.
d) Para facilitar el corte.

4. ¿Qué tipo de poda se realiza para eliminar ramas secas, enfermas o dañadas?

a) Poda de formación.
b) Poda de rejuvenecimiento.
c) Poda de floración.
d) Poda de saneamiento.

5. ¿Cuál es la finalidad de la poda de formación?

a) Mejorar la producción de frutos.
b) Dar forma y estructura adecuada a la planta.
c) Eliminar malezas.
d) Fertilizar la planta.

6. ¿Qué herramienta es más adecuada para realizar cortes limpios en ramas pequeñas?

a) Serrucho.
b) Azadón.
c) Tijeras de podar.
d) Pala

7. ¿Cuál es un beneficio principal de la poda de floración?

a) Estimular el crecimiento de raíces.
b) Incrementar la fertilidad del suelo.
c) Evitar plagas.
d) Mejorar la producción y calidad de flores.

8. ¿Qué se debe evitar al aplicar fertilizantes para no dañar las plantas?

a) Aplicar en dosis recomendadas.
b) Aplicar en exceso.
c) Ajustar el pH del suelo.
d) Aplicar cerca de las raíces.

9. ¿Qué nutrientes principales se examinan en un análisis de suelo para fertilización?

a) Nitrógeno, fósforo y potasio.
b) Calcio, magnesio y sodio.
c) Hierro, zinc y cobre.
d) Carbono, oxígeno e hidrógeno.

10. ¿Qué método de fertilización se aplica directamente sobre las hojas?

a) Fertilización foliar.
b) Fertilización localizada.

c) Fertilización de fondo.
d) Fertilización por riego.

11. ¿En qué momento es mejor aplicar fertilizantes ricos en nitrógeno?

a) Durante la floración.
b) En la fase vegetativa.
c) Antes de la siembra.
d) Después de la fructificación.

12. ¿Qué tipo de fertilizante mejora la estructura del suelo y su capacidad de retener agua?

a) Fertilizantes minerales.
b) Fertilizantes foliares.
c) Abonos orgánicos.
d) Fertilizantes sintéticos.

13. ¿Cuál es el principal riesgo ambiental del uso excesivo de fertilizantes?

a) Incremento de plagas.
b) Sequía.
c) Mejor crecimiento de plantas no deseadas.
d) Contaminación del suelo y aguas subterráneas.

14. ¿Qué característica tiene un insecticida sistémico?

a) Actúa solo en contacto con el insecto.
b) Penetra en la planta y actúa desde dentro.
c) Es orgánico.
d) Solo se usa en plantas ornamentales.

15. ¿Qué tipo de fungicida se aplica para prevenir la aparición de hongos?

a) Curativo.
b) Preventivo.
c) Sistémico.
d) Selectivo.

16. ¿Para qué se utiliza la azada de pico?

a) Para nivelar el terreno.
b) Para remover tierra en espacios reducidos.
c) Para romper suelos duros o cortar raíces.
d) Para hacer surcos profundos en siembra en línea.

17. ¿Cuál es un principio clave del uso sostenible de fitosanitarios?

a) Usar siempre la máxima dosis posible.
b) Aplicar solo en días lluviosos.
c) Combinar métodos biológicos, físicos y químicos (GIP).
d) Usar productos más tóxicos para mayor eficacia.

18. ¿Por qué se debe evitar la aplicación de fitosanitarios en días con viento?

a) Para evitar la evaporación.
b) Para evitar la deriva y contaminación de áreas no deseadas.
c) Para que dure más el producto.
d) Para facilitar la absorción.

19. ¿Cuál es una buena práctica en la gestión de residuos de productos fitosanitarios?

a) Verter sobrantes en el suelo.
b) Recoger y reciclar los envases correctamente.
c) Tirar envases en la basura común.
d) Guardar envases en cualquier lugar.

20. ¿Qué alternativa ecológica puede usarse para controlar plagas en lugar de productos químicos?

a) Extractos naturales.
b) Aumentar la dosis de insecticidas.
c) Eliminar malezas con herbicidas.
d) Fertilización foliar.

21. ¿Qué factor del suelo influye en la retención de agua y nutrientes?

a) Color del suelo.
b) Temperatura.
c) Textura y estructura.
d) Altura sobre el nivel del mar.

22. ¿Qué característica tienen los cortasetos de corte doble?

a) Sólo una cuchilla se mueve, generando menos vibración.
b) Ambas cuchillas se mueven en sentidos opuestos, logrando cortes más limpios.
c) No requieren mantenimiento ni afilado.
d) Son más silenciosos que los de corte simple.

23. ¿Con qué frecuencia se recomienda aplicar fertilización foliar en caso de deficiencias?

a) Cada 6 meses.
b) Cada 2-3 semanas.

c) Una vez al año.
d) Cada 2-3 días.

24. ¿Qué método de aplicación de fertilizantes permite una distribución homogénea a través del sistema de riego?

a) Aplicación localizada.
b) Fertilización por riego.
c) Fertilización foliar.
d) Fertilización de fondo.

25. ¿Qué medida contribuye a evitar la contaminación al aplicar fitosanitarios?

a) Usar equipos calibrados y en buen estado.
b) Aplicar cerca de fuentes de agua para ahorrar producto.
c) Aplicar productos en días lluviosos.
d) Usar productos con mayor toxicidad.

26. ¿Qué tipo de desbrozadora es más adecuada para zonas amplias y sin acceso limitado?

a) De mano o portátil.
b) De ruedas o de arrastre.
c) A batería.
d) De hilo de nailon.

27. ¿Qué son los chupones en jardinería?

a) Ramas secas.
b) Hongos en la base de la planta.
c) Brotes vigorosos que salen de la base o raíces y se eliminan.
d) Flores no deseadas.

28. ¿Cuál es una práctica recomendada para mantener la salud de las plantas durante la poda?

a) Cortar sin ángulo para facilitar la cicatrización.
b) Cortar en ángulo para favorecer la cicatrización.
c) No usar herramientas limpias.
d) Cortar solo en verano.

29. ¿Cuál es la función principal de la escarificadora en el césped?

a) Cortar la hierba de forma uniforme.
b) Regar el césped en profundidad.

c) Eliminar fieltro y musgo para mejorar la oxigenación.

d) Nivelar el terreno antes de sembrar.

30. ¿Cuál es una ventaja del cortacésped manual (de cilindro)?

a) Tiene tracción propia para terrenos grandes.

b) Funciona con batería recargable.

c) Es silencioso y ecológico.

d) Requiere mantenimiento frecuente.

Solución al test n.º 13

1. b) Cortar ramas pequeñas.

2. b) Motosierra.

3. c) Para evitar la transmisión de enfermedades entre plantas.

4. d) Poda de saneamiento.

5. b) Dar forma y estructura adecuada a la planta.

6. c) Tijeras de podar.

7. d) Mejorar la producción y calidad de flores.

8. b) Aplicar en exceso.

9. a) Nitrógeno, fósforo y potasio.

10. a) Fertilización foliar.

11. b) En la fase vegetativa.

12. c) Abonos orgánicos.

13. d) Contaminación del suelo y aguas subterráneas.

14. b) Penetra en la planta y actúa desde dentro.

15. b) Preventivo.

16. c) Para romper suelos duros o cortar raíces.

17. c) Combinar métodos biológicos, físicos y químicos (GIP).

18. b) Para evitar la deriva y contaminación de áreas no deseadas.

19. b) Recoger y reciclar los envases correctamente.

20. a) Extractos naturales.

21. c) Textura y estructura.

22. b) Ambas cuchillas se mueven en sentidos opuestos, logrando cortes más limpios.

23. b) Cada 2-3 semanas.

24. b) Fertilización por riego.

25. a) Usar equipos calibrados y en buen estado.

26. b) De ruedas o de arrastre.

27. c) Brotes vigorosos que salen de la base o raíces y se eliminan.

28. b) Cortar en ángulo para favorecer la cicatrización.

29. c) Eliminar fieltro y musgo para mejorar la oxigenación.

30. c) Es silencioso y ecológico.

TEST N.º 14

Albañilería. Conocimiento, manejo y mantenimiento de herramienta básica de albañilería. Funciones y tareas básicas a realizar en trabajos de albañilería

1. ¿Cuál de las siguientes tareas realiza el conserje de forma autónoma según el texto?

a) Apertura y cierre de rozas en grandes obras.
b) Supervisión del personal especializado.
c) Sustitución de baldosas o azulejos.
d) Redacción de informes técnicos de seguridad.

2. ¿Cómo se llama la operación que consiste en forrar muros y tabiques tanto en paramentos exteriores como en interiores?

a) Aplacado.
b) Encofrado.
c) Revestimiento.
d) Alicatado.

3. ¿Cómo se llama al compuesto de conglomerantes inorgánicos, agregados finos y agua, y posibles aditivos que sirven para pegar elementos de construcción tales como ladrillos, piedras, bloques de hormigón, etc.?

a) Mezcla.
b) Mortero.
c) Encofrante.
d) Lechada.

4. En relación con el encofrado, debemos evitar (señala la respuesta incorrecta):

a) Repartir el hormigón para evitar hendiduras por donde se escape el material y la segregación del agua.
b) Usar gasóleo o grasa.

c) Arrojar el hormigón a gran distancia.
d) Introducir los clavos en su totalidad en la madera.

5. Un guarnecido completo consta de tres fases. Señala la que no corresponda:

a) Enfoscado.
b) Fraguado.
c) Enlucido.
d) Revoque.

6. ¿Qué tipo de material se debe pasar al terminar el enfoscado para conseguir un acabado rugoso?

a) Fratás.
b) Llana.
c) Talocha.
d) Regla.

7. ¿Qué tipo de acabado se dará a un enfoscado que va a soportar un tipo de pintura rugosa?

a) Bruñido.
b) Rugoso.
c) Fratasado.
d) Fraguado.

8. ¿En qué consiste el revoque?

a) En extender una segunda capa de mortero de cemento, cal o de resinas sintéticas, de 0,5 a 1 cm de espesor, sobre el enfoscado.
b) En nivelar las irregularidades que presenta la superficie del paramento.
c) En dar una capa de mortero, elaborado con árido mucho más fino, y perfectamente alisado con la llana.
d) En revestir un paramento con una pasta compuesta por escayola o yeso blanco muy fino y polvo de mármol, amasados con agua en la que previamente se habrá disuelto una cierta cantidad de cola.

9. Señala cuál de los siguientes pavimentos continuos no está indicado para su aplicación en suelos que han de soportar cargas ligeras:

a) Con hormigón tratado superficialmente.
b) Con lechada bituminosa.
c) Con mortero sintético elástico.
d) Con engravillado.

10. ¿Cómo se llaman las juntas horizontales resultantes de la superposición que se realiza de ladrillos para la construcción de una pared?

a) Hiladas.
b) Tendeles.
c) Llagas.
d) Huellas.

11. ¿Qué es la "adaraja o enjarje"?

a) La disposición sobre cómo se colocan los ladrillos.
b) Los surcos que se realizan en las paredes, techos, etc.
c) Unos entrantes y salientes de una pared para asegurar la unión con otra, cuando se prosiga con la obra.
d) El proceso de revestimiento y protección de una pared.

12. Tienen función evitar la filtración de agua por el suelo, e impedir que la humedad salga por los muros debido a las fuerzas capilares. Nos referimos a:

a) Las barreras capilares.
b) Las juntas impermeables.
c) Las juntas de dilatación.
d) Las cámaras de aire.

13. Si tenemos que eliminar el enyesado o revoque de una pared para sanearla, en caso de que hayamos detectado humedad, lo primero que habrá que saber es:

a) Cómo ajustar tanto la fuerza como los materiales que se han de emplear para evitar deteriorar la pared oculta por la capa de yeso.
b) Cómo quitar las placas de revoque duro que se hayan quedado en la pared a medida que se desprendía la mayoría del mismo.
c) Cómo utilizar una rasqueta o un cepillo de cerdas metálicas para hacer desaparecer todas las irregularidades, así como las juntas y llagas de los ladrillos y los rastros de material, que pueden ser perjudiciales para posteriores trabajos.
d) El material del que se conforma el muro sobre el que va el revoque.

14. De los siguientes revestimientos, indica cuál de ellos no lleva un acabado de pintura:

a) Enlucido.
b) Chapado.
c) Enfoscado.
d) Guarnecido.

15. Indica qué tipo de producto usaría para la limpieza de un pavimento de mármol:

a) Lejía.
b) Detergente con bioalcohol.
c) Amoniaco.
d) Agua con cera.

16. Útil generalmente de madera con dos lados bordeados sujetados de forma horizontal; esta superficie tiene un mango para sujetar con la mano. Con este útil podemos transportar morteros y demás masas y se llama:

a) Artesa.
b) Esparavel.
c) Llana.
d) Bujarda.

17. Los recipientes que se utilizan para realizar pequeñas masas, bien sea de hormigón, cemento, yeso, etc., se llaman:

a) Carrillos.
b) Cestillas.
c) Artesas.
d) Divisas.

18. Una buena defensa contra los golpes son las cantoneras, también conocidas como esquineras, que pueden ir, entre otros:

a) Bajo el nivel.
b) Bajo el revoco.
c) Bajo la esquina.
d) Sobre el revoco.

19. En las reparaciones de albañilería, la herramienta que seleccionaremos para trabajos de acabado será:

a) Cortafrío.
b) Puntero.
c) Maceta.
d) Cincel.

20. La antigua forma de tratamiento superficial de todos los materiales pétreos para revestimientos de exteriores y otros trabajos artesanales y uno de los efectuados manualmente más utilizados se llama:

a) Albardado.
b) Estucado.

c) Abujardado.
d) Embastado.

21. Como característica de una buena paleta podríamos hacer alusión a la:

a) Largura del mango.
b) Anchura de la hoja.
c) Forma de la punta de la hoja.
d) Rigidez de la hoja.

22. ¿Cómo se denomina el revestimiento o segunda mano de revoque que se da a los muros realizados con material para que presenten una superficie unida y tersa?

a) Enlucido.
b) Enfoscado.
c) Enyesado.
d) Alicatado.

23. La mezcla natural de grava, gravilla y arena se llama:

a) Mortero.
b) Zumaya.
c) Aglomerante.
d) Zahorra.

24. ¿Qué tipo de ladrillos tienen agujeros que los atraviesan de lado a lado y que cumplen la función del hundido de los ladrillos estándar?

a) Hueco.
b) Macizo.
c) Cara vista.
d) Perforado.

25. ¿Qué material obtendremos si mezclamos cemento, agua, arena y grava?

a) Cemento Portland.
b) Hormigón.
c) Mortero.
d) Aglomerante.

26. El hormigón, según su composición, puede clasificarse en diversos tipos. De los siguientes, indica cuál:

a) Ciclópeo.
b) Armado.

c) En masa.
d) Pretensado.

27. ¿Cuál es el material inerte que no participa en el fraguado y endurecimiento del hormigón, pero sin embargo desempeña un papel muy importante, ya que le dan compacidad, estabilidad ante la retracción y economía?

a) Grava.
b) Arena.
c) Árido.
d) Cemento.

28. ¿Qué tipo de cemento se utiliza en obras marítimas?

a) Puzolánicos
b) Aluminosos.
c) Portland.
d) Siderúrgicos

29. Material que, además de fraguar y endurecer en el aire, lo hace debajo del agua. Se obtiene de la calcinación de rocas calizas a elevada temperatura:

a) Cal dolomítica.
b) Cal viva.
c) Cal grasa.
d) Cal hidráulica.

30. ¿Qué tipo de humedades son las que aparecen en las zonas bajas de los muros que absorben el agua del terreno a través de la cimentación, pueden ser permanentes, cuando el nivel freático del terreno está muy alto, o temporales, cuando están relacionadas con las condiciones meteorológicas?

a) Humedad de filtración.
b) Humedad de remonte capilar.
c) Humedad de condensación.
d) Humedad meteórica.

1. c) Sustitución de baldosas o azulejos.

2. c) Revestimiento.

3. b) Mortero.

4. d) Introducir los clavos en su totalidad en la madera.

5. b) Fraguado.

6. d) Regla.

7. c) Fratasado.

8. a) En extender una segunda capa de mortero de cemento, cal o de resinas sintéticas, de 0,5 a 1 cm de espesor, sobre el enfoscado.

9. c) Con mortero sintético elástico.

10. b) Tendeles.

11. c) Unos entrantes y salientes de una pared para asegurar la unión con otra, cuando se prosiga con la obra.

12. b) Las juntas impermeables.

13. d) El material del que se conforma el muro sobre el que va el revoque.

14. b) Chapado.

15. d) Agua con cera.

16. b) Esparavel.

17. c) Artesas.

18. b) Bajo el revoco.

19. d) Cincel.

20. c) Abujardado.

21. d) Rigidez de la hoja.

22. a) Enlucido.

23. d) Zahorra.

24. d) Perforado.

25. b) Hormigón.

26. a) Ciclópeo.

27. c) Árido.

28. a) Puzolánicos

29. d) Cal hidráulica.

30. b) Humedad de remonte capilar.

TEST N.º 15

Pintura. Conocimiento, manejo y mantenimiento de herramienta básica de Pintura. Mantenimiento de pintura. Funciones y tareas básicas a realizar en trabajos de pintura

1. ¿Cuál es la herramienta más adecuada para pintar pequeñas superficies?

a) El rodillo de espuma plástica.
b) La brocha.
c) La almohadilla.
d) El rodillo de pelo de lana.

2. Si queremos pintar ángulos o rincones de una gran superficie, utilizaremos:

a) Almohadilla.
b) Pistola.
c) Rodillo.
d) Brocha.

3. ¿Cómo se llama la técnica de pintura que se obtiene mezclando polvo de tiza y pintura acrílica para dar a la pared un efecto agrietado?

a) Estucado.
b) Craquelado.
c) Trapeado.
d) Lacado.

4. Técnica en la que se aplica primero una capa de pintura, antes de que seque se pasa un trapo, después se hacen líneas con un pincel fino para hacer efecto de vetas y por último, se difuminan las líneas con una brocha. Nos referimos al:

a) Lacado.
b) Patinas.
c) Bruñido.
d) Marmolado.

5. A la hora de preparar el soporte donde se va a pintar, eliminar los restos de capa de un antiguo recubrimiento que se halla en mal estado por medio de calor o acciones químicas se denomina:

a) Decapado.
b) Rascado.
c) Lavado.
d) Desengrasado.

6. Debemos tener en cuenta algunas pautas para pintar. De manera general, no se pintará:

a) De abajo hacia arriba.
b) Primero el techo.
c) Si está lloviendo.
d) Empezando por la pared de la ventana.

7. Las pinturas al aceite, esmalte oleosintéticos y sintéticos secan por:

a) Secado físico.
b) Secado químico.
c) Secado por oxidación.
d) Secado artificial.

8. Para resolver el problema de las señales de brochazos sobre la pintura es preciso:

a) Lijar la superficie y darle una capa muy fina.
b) Dar varias capas para lograr igualar la superficie.
c) Extender una capa gruesa de pintura.
d) Repasar la pintura cuando aún no está totalmente seca.

9. ¿A qué se debe que, conforme se realiza el trabajo de pintura, pueden aparecer películas elásticas que se mezclan con ella?

a) El paramento no está bien alisado.
b) El paramento posee humedades o filtraciones.
c) Se carga en exceso el pincel o el rodillo.
d) La pintura ha estado expuesta al aire.

10. Cuando la pintura no se extiende de forma uniforme puede deberse a varias razones. Señala la que no corresponda:

a) Uso excesivo de diluyente.
b) Falta de homogeneización de la pintura.
c) Poca calidad de la pintura empleada.
d) Presencia de agua en los útiles de trabajo.

11. Para pintar techos de pequeño tamaño se utilizará preferentemente:

a) Pistola.
b) Brocha redonda y gruesa.
c) Rodillo.
d) Almohadilla.

12. ¿Qué tipo de restos de pintura eliminaremos con cepillo de púas y rasqueta?

a) Temple.
b) Gotelé.
c) Plástica.
d) Cal.

13. Para pintar fachadas exteriores procederemos:

a) De abajo a arriba.
b) Desde la zona más cercana a la puerta.
c) Por arriba y en sentido horizontal.
d) Formando ángulos rectos para solapar cada pasada.

14. ¿Cómo se debe limpiar una superficie plástica que se prepara para la imprimación?

a) Con agua y jabón.
b) Con disolvente.
c) Con lejía.
d) Con dispersante.

15. Para la limpieza de pinturas al silicato y al cemento, se utilizará:

a) Bayetas secas o un plumero.
b) Un cepillo suave con agua abundante.
c) Bayeta húmeda con agua jabonosa.
d) Detergente no agresivo.

16. Aparato óptico que, montado sobre un trípode, describe un plano horizontal y puede realizar lecturas a miras metálicas graduadas y así obtener los distintos desniveles de los puntos:

a) Nivel de láser.
b) Nivel de burbuja.
c) Nivel de agua.
d) Nivel de línea.

17. El tiralíneas es una herramienta que se utiliza para:

a) Medición y replanteo de obra.
b) Preparar.
c) Aplicación.
d) Limpieza.

18. La pieza que une el mango de la brocha con las cerdas se denomina:

a) Vitola.
b) Visera.
c) Virola.
d) Vinola.

19. Para pintar grandes superficies con pintura pura se utiliza:

a) Mango telescópico.
b) Pistola sin aire.
c) Pistola de aire comprimido.
d) Brocha.

20. De las siguientes características, señala aquella que no es propia de la pintura al temple:

a) Resistente al agua.
b) Baja el tono al secarse.
c) Suelta polvo si tiene poca cola.
d) Se desconcha si tiene exceso de cola.

21. Es una pintura barata que se puede utilizar en exteriores; con ella se pueden pintar las zonas menos nobles, como son: garajes, talleres, sótanos, etc.:

a) Pintura al cemento.
b) Pintura a la cal.
c) Pintura a la cola.
d) Pintura al silicato.

22. Se trata de un tipo de pintura que, bajo la influencia del calor de una llama, reacciona cambiando su estructura física y química, para hincharse a continuación formando una capa esponjosa que al carbonizarse se convierte en una cámara alveolar aislante del calor:

a) Pintura ignífuga.
b) Pintura de PVC.
c) Pintura Intumescente.
d) Pintura aislante.

23. En un esmalte brillante cuanto más disolvente apliquemos más:

a) Resistente será.
b) Brillante será.
c) Reducirá el brillo.
d) Difícil será extenderlo.

24. Cuando los operarios se encuentren en el interior de la cabina de pintado, estén aplicando o no, y la ventilación no sea suficiente para controlar continuamente la concentración de partículas y el vapor del disolvente, deberán llevar:

a) Un distintivo visible.
b) Un equipo respiratorio con suministro de aire.
c) Un equipo eléctrico protegido según las normas adecuadas.
d) Un antídoto y otros productos antitóxicos.

25. ¿Qué tipo de barniz se utiliza para la protección temporal de carpintería de aluminio y otros objetos metálicos de hierro galvanizado, cromados, niquelados, etc.?

a) Barniz galvanizado.
b) Barniz pelable.
c) Barniz maleable.
d) Barniz Nitrocelulósico.

26. El mejor diluyente y disolvente de las pinturas plásticas y esmaltes acrílicos es:

a) Aguarrás.
b) White spirit.
c) Amoniaco.
d) Agua.

27. ¿Cuál es el uso habitual del decapante en gel?

a) En superficies verticales.
b) En lugares de difícil acceso.
c) Para tabiques desmontables.
d) Sobre superficies plásticas.

28. Cuando se vuelva a utilizar pintura que haya quedado de un año para otro es conveniente:

a) Ligarla con agua.
b) Agitarla enérgicamente.
c) Filtrarla.
d) Desecharla.

29. Las rasquetas, raspadores, espátulas y raederas, que poseen hojas de acero, se recuperan con facilidad:

a) Sumergiéndolas en agua al menos 12 horas.
b) Pasando otra hoja de metal sobre ellas.
c) Añadiéndoles disolventes si fuera preciso.
d) Eliminando el polvo que haya podido quedar incrustado.

30. La pintura al silicato puede aplicarse con (señala la respuesta incorrecta):

a) Brocha.
b) Rodillo.
c) Pistola.
d) Almohadilla.

Solución al test n.º 15

1. b) La brocha.

2. d) Brocha.

3. b) Craquelado.

4. d) Marmolado.

5. a) Decapado.

6. c) Si está lloviendo.

7. c) Secado por oxidación.

8. a) Lijar la superficie y darle una capa muy fina.

9. d) La pintura ha estado expuesta al aire.

10. c) Poca calidad de la pintura empleada.

11. b) Brocha redonda y gruesa.

12. d) Cal.

13. c) Por arriba y en sentido horizontal.

14. a) Con agua y jabón.

15. b) Un cepillo suave con agua abundante.

16. d) Nivel de línea.

17. a) Medición y replanteo de obra.

18. c) Virola.

19. b) Pistola sin aire.

20. a) Resistente al agua.

21. a) Pintura al cemento.

22. c) Pintura Intumescente.

23. c) Reducirá el brillo.

24. b) Un equipo respiratorio con suministro de aire.

25. b) Barniz pelable.

26. d) Agua.

27. a) En superficies verticales.

28. c) Filtrarla.

29. b) Pasando otra hoja de metal sobre ellas.

30. d) Almohadilla.

Riesgos y emergencias. Ley 31/1995, de 8 de noviembre, de Prevención de Riesgos Laborales: capítulo I. Objeto, ámbito de aplicación y definiciones; capítulo III. Derechos y obligaciones. Real Decreto 393/2007, de 23 de marzo, por el que se aprueba la Norma Básica de Autoprotección de los centros, establecimientos y dependencias dedicadas a actividades que puedan dar origen a situaciones de emergencia: Disposiciones Generales; anexo II. Contenido mínimo del Plan de Autoprotección; anexo III. Definiciones. Normas de seguridad y precaución en las reparaciones

1. ¿Qué se entiende por "riesgo laboral"?

a) La posibilidad de que un trabajador sufra un determinado daño derivado del trabajo.
b) La posibilidad de que un trabajador sufra una enfermedad en el trabajo.
c) La posibilidad de que un trabajador sufra acoso.
d) El riesgo que supone el ir a trabajar.

2. Indica cuál es la definición de prevención:

a) La probabilidad racional de que un riesgo se materialice de forma inminente.
b) El estudio de los procesos potencialmente peligrosos para el trabajo.
c) Conjunto de actividades o medidas adoptadas o previstas en todas las fases de actividad de la empresa con el fin de evitar o disminuir los riesgos derivados del trabajo.
d) Posibilidad de que un trabajador sufra un determinado daño derivado del trabajo.

3. Según recoge el artículo 4 de la Ley 31/1995, quedan específicamente incluidas en la definición de condición de trabajo:

a) Las características particulares de los locales, instalaciones, equipos, productos y demás útiles existentes en el centro de trabajo.
b) La naturaleza de los agentes físicos, químicos y biológicos presentes en el ambiente de trabajo y sus correspondientes intensidades, concentraciones o niveles de presencia.

c) Los procedimientos para la utilización de los agentes citados anteriormente que no influyan en la generación de los riesgos mencionados.

d) Todas aquellas otras características del trabajo, excluidas las relativas a su organización y ordenación, que influyan en la magnitud de los riesgos a que esté expuesto el trabajador.

4. La Ley 31/1995, de 8 de noviembre, de Prevención de Riesgos Laborales, ¿se aplica a los empleados de la Administración Pública?

a) Sí, sin distinciones.
b) A los funcionarios sí, al personal laboral no.
c) Al personal laboral sí, a los funcionarios no.
d) No se aplica ni a funcionarios ni a personal laboral.

5. Según establece el art. 4 de la Ley 31/1995, de 8 de noviembre, de Prevención de Riesgos Laborales, se define como daños derivados del trabajo:

a) La posibilidad de que un trabajador sufra un determinado daño derivado del trabajo.
b) El que resulte probable racionalmente que se materialice en un futuro inmediato y pueda suponer y pueda suponer un daño grave para la salud de los trabajadores.
c) Las enfermedades, patologías o lesiones sufridas con motivo u ocasión del trabajo.
d) Cualquier máquina, aparato, instrumento o instalación utilizada en el trabajo.

6. El objeto y carácter de la norma de la Ley 31/95 de Prevención de Riesgos Laborales dice:

a) La presente Ley tiene por objeto promover la salud de los trabajadores mediante la aplicación de medidas y el desarrollo de las actividades necesarias para la prevención de riesgos derivados del trabajo.
b) La presente Ley tiene por objeto promover la seguridad y la salud de los trabajadores mediante la aplicación de medidas y el desarrollo de las actividades necesarias para la prevención de riesgos derivados del trabajo.
c) La presente Ley tiene por objeto promover la seguridad de los trabajadores mediante la aplicación de medidas y el desarrollo de las actividades necesarias para la prevención de riesgos derivados del trabajo.
d) La presente Ley tiene por objeto promover la seguridad, la salud de los trabajadores y la negociación entre empresa y delegados de prevención, mediante la aplicación de medidas y el desarrollo de las actividades necesarias para la prevención de riesgos derivados del trabajo.

7. Toda lesión corporal que el trabajador sufra con ocasión del trabajo que ejerza por cuenta ajena:

a) Es un riesgo laboral.
b) Es un accidente.
c) Es una enfermedad profesional.
d) Es una simple circunstancia.

8. Señala la respuesta incorrecta:

a) La Ley de Prevención de Riesgos Laborales se aplica a los operativos de Seguridad civil en casos de catástrofe.

b) La Ley de Prevención de Riesgos Laborales se aplica a las sociedades cooperativas.

c) En el ámbito de la relación laboral de carácter especial del servicio del hogar familiar, las personas trabajadoras tienen derecho a una protección eficaz en materia de seguridad y salud en el trabajo.

d) En los establecimientos penitenciarios, se adaptarán a la Ley de Prevención de Riesgos Laborales aquellas actividades cuyas características justifiquen una regulación especial.

9. Entre los principios de la acción preventiva recogidos por el artículo 15 de la Ley de Prevención de Riesgos Laborales, no figura:

a) Evitar los riesgos.

b) Evaluar los riesgos que se puedan evitar.

c) Tener en cuenta la evolución de la técnica.

d) Dar las debidas instrucciones a los trabajadores.

10. La evaluación de los riesgos laborales es:

a) Es un proceso técnico en la organización del trabajo.

b) Un proceso dirigido a estimar la magnitud de los riesgos que no hayan podido evitarse.

c) Es un procedimiento estático.

d) Es una práctica para el control y la protección de los trabajadores.

11. En los casos de concurrencia de trabajadores de varias empresas en un centro de trabajo cuando existe un empresario principal, uno de los deberes de vigilancia por parte de éste, consistirá en:

a) Impulsar la regulación de esquemas organizativos, que eviten los accidentes de trabajo.

b) Comprobar que las empresas contratistas y subcontratistas concurrentes en su centro de trabajo han establecido los necesarios medios de coordinación entre ellas.

c) Asegurar la correcta utilización por parte de los trabajadores de las empresas concurrentes de los correspondientes dispositivos de seguridad disponibles.

d) Asegurarse de que los trabajadores concurrentes disponen de la formación preventiva correspondiente.

12. Cuando los trabajadores estén expuestos a un riesgo grave e inminente con ocasión de su trabajo, y el empresario no adopte o no permita la adopción de las medidas necesarias para garantizar la seguridad y la salud de los trabajadores, la Ley 31/1995, de 8 de noviembre, de Prevención de Riesgos Laborales prevé que:

a) Los trabajadores afectados podrán paralizar la actividad.

b) El órgano de representación del personal instará formalmente al empresario a la adopción de las medidas necesarias.

c) Los Delegados de Prevención lo comunicarán a la autoridad laboral, que adoptará las medidas necesarias.

d) El órgano de representación de personal podrá acordar la paralización de la actividad.

13. El art. 29 de la LPRL establece las obligaciones de los trabajadores en materia de prevención de riesgos. De las siguientes no se considera una obligación del trabajador:

a) Utilizar correctamente los medios y equipos de protección facilitados por el empresario, de acuerdo con las instrucciones recibidas de éste.

b) Usar adecuadamente, de acuerdo con su naturaleza y los riesgos previsibles, las máquinas, aparatos, herramientas, sustancias peligrosas, equipos de transporte y, en general, cualesquiera otros medios con los que desarrollen su actividad.

c) Informar de inmediato a su superior jerárquico directo, y a los trabajadores designados para realizar las actualizaciones que consideren oportunas en el equipo de protección individual.

d) No poner fuera de funcionamiento y utilizar correctamente los dispositivos de seguridad existentes o que se instalen en los medios relacionados con su actividad o en los lugares de trabajo en los que ésta tenga lugar.

14. Los instrumentos esenciales para la gestión y aplicación del Plan de prevención de riesgos laborales son:

a) La evaluación de riesgos y la planificación de la actividad preventiva.

b) La evaluación inicial de riesgos y la formación.

c) La planificación y la gestión de la actividad preventiva.

d) La identificación y la evaluación de los riesgos.

15. El posible cambio de puesto de trabajo con riesgo para una trabajadora embarazada:

a) Deberá realizarse en caso de imposibilidad de adaptación del propio puesto.

b) Se hará previo informe en tal sentido del Servicio de Prevención.

c) Se determinará por el empresario, y dará información a los representantes de los trabajadores.

d) Se extenderá al período de lactancia.

16. ¿Cuándo se deben utilizar los equipos de protección individual?

a) Siempre.

b) Cuando los riesgos no hayan sido evaluados.

c) Cuando los riesgos no se puedan evitar o no puedan limitarse.

d) Cuando el trabajador lo estime oportuno.

17. Según la Ley de Prevención de Riesgos Laborales, es obligación de los trabajadores en materia de prevención de riesgos:

a) La protección eficaz en materia de seguridad y salud en el trabajo.

b) Utilizar correctamente los medios y equipos de protección facilitados por el empresario, de acuerdo con las instrucciones recibidas de éste.

c) Soportar el coste de las medidas relativas a la seguridad y la salud en el trabajo.

d) Desarrollar una acción permanente de seguimiento de la actividad preventiva.

18. Según el artículo 19 de la Ley de Prevención de Riesgos Laborales, la formación teórica y práctica en materia preventiva deberá:

a) Impartirse en horario dentro de la jornada de trabajo.

b) Impartirse por igual en jornada de trabajo y fuera del horario de trabajo.

c) Impartirse, siempre que sea posible, dentro de la jornada de trabajo o, en su defecto, en otras horas pero con el descuento en aquella del tiempo invertido en la misma.

d) La formación teórica siempre debe ser en horario dentro de la jornada de trabajo y la formación práctica puede impartirse tanto dentro como fuera de la jornada de trabajo.

19. ¿Cuál de los siguientes principios generales de la acción preventiva a aplicar en el trabajo, contenidos en la Ley de Prevención de Riesgos Laborales, es incorrecto?

a) Evaluar los riesgos que no se pueden evitar.

b) Priorizar medidas individuales a las colectivas.

c) Combatir los riesgos en su origen.

d) Tener en cuenta la evolución de la técnica.

20. La actividad preventiva deberá planificarse:

a) Para un período determinado.

b) Para un período ilimitado.

c) Anualmente.

d) Para un período máximo de 3 años.

21. Al sistema de acciones y medidas encaminadas a prevenir y controlar los riesgos sobre las personas y los bienes, a dar respuesta adecuada a las posibles situaciones de emergencia y a garantizar la integración de estas actuaciones con el sistema público de protección civil, se le denomina:

a) Prevención.

b) Autoprotección.

c) Previsión.

d) Reacción.

22. Informar al órgano que otorga la licencia o permiso determinante para la explotación o inicio de la actividad acerca de cualquier modificación o cambio sustancial en la actividad o en las instalaciones, en aquello que afecte a la autoprotección es obligación de:

a) El titular de la actividad.

b) El técnico competente.

c) La Autoridad competente.

d) El mando intermedio de la empresa.

23. No forma parte de la estructura del plan de autoprotección:

a) La identificación de los titulares y el emplazamiento de la actividad.
b) El coste de la implantación del plan.
c) El inventario, análisis y evaluación de riesgos.
d) El plan de actuación ante emergencias.

24. Respecto de los criterios mínimos que deben observarse en la elaboración de un plan de protección, no se encuentra:

a) Se designará, por parte del titular de la actividad, una persona como responsable única para la gestión de las actuaciones encaminadas a la prevención y el control de riesgos.
b) Se establecerá una estructura organizativa y jerarquizada, dentro de la organización y personal existente, fijando las funciones y responsabilidades de todos sus miembros en situaciones de emergencia.
c) Se designará, por parte de la autoridad autonómica, un órgano colegiado responsable único, con autoridad y capacidad de gestión, que será el órgano de dirección del Plan de Actuación en Emergencias.
d) El Plan de Actuación en Emergencias debe detallar los posibles accidentes o sucesos que pudieran dar lugar a una emergencia y los relacionará con las correspondientes situaciones de emergencia establecidas en el mismo, así como los procedimientos de actuación a aplicar en cada caso.

25. El encargado de velar porque los Planes de Autoprotección tengan la adecuada capacidad operativa, en los distintos supuestos de riesgo que puedan presentarse, y quede asegurada la necesaria coordinación entre dichos Planes y los de protección Civil que resulten aplicables, así como la unidad de mando externa, en los casos que lo requieran, son:

a) El órgano competente en materia de protección civil.
b) La autoridad laboral autonómica.
c) La autoridad laboral nacional.
d) El titular de la actividad.

26. Señalar la opción incorrecta. Se entiende como autoprotección al sistema de acciones y medidas encaminadas a:

a) Prevenir y controlar los riesgos sobre las personas y los bienes.
b) Dar respuesta adecuada a las posibles situaciones de emergencia.
c) Garantizar la integración de estas actuaciones con el sistema público de protección civil.
d) Formar al personal sobre el desempeño de sus funciones.

27. La Norma Básica de Autoprotección es de aplicación a cualquier establecimiento de uso docente que disponga de una altura de evacuación igual o superior a partir de:

a) 15 metros.
b) 22 metros.

c) 28 metros.
d) 36 metros.

28. Señalar la opción incorrecta. El Plan de Autoprotección aborda:

a) La identificación y evaluación de los riesgos.
b) Las acciones y medidas necesarias para la prevención y control de riesgos.
c) La conflictividad laboral de los trabajadores de la empresa.
d) Las medidas de protección y otras actuaciones a adoptar en caso de emergencia.

29. El director del Plan de Actuación en Emergencias será designado por:

a) El titular de la actividad.
b) El Servicio de Prevención.
c) El Comité de Seguridad y Salud.
d) La autoridad laboral territorial.

30. A efectos de la Norma Básica de Autoprotección, se entiende por alarma:

a) El aviso o señal por la que se informa a las personas para que sigan instrucciones específicas ante una situación de emergencia.
b) El conjunto de operaciones o tareas que puedan dar origen a accidentes o sucesos que generen situaciones de emergencia.
c) La situación declarada con el fin de tomar precauciones específicas debido a la probable y cercana ocurrencia de un suceso o accidente.
d) La respuesta a la emergencia, para proteger y socorrer a las personas y los bienes.

31. A efectos de la Norma Básica de Autoprotección, la probabilidad de que se produzca un efecto dañino específico en un periodo de tiempo determinado o en circunstancias determinadas, se denomina:

a) Riesgo.
b) Peligro.
c) Alerta.
d) Precaución.

32. La concatenación de efectos causantes de riesgo que multiplican las consecuencias, debido a que los fenómenos peligrosos pueden afectar, además de los elementos vulnerables exteriores, otros recipientes, tuberías, equipos o instalaciones del mismo establecimiento o de otros próximos, de tal manera que a su vez provoquen nuevos fenómenos peligrosos, se llama:

a) Efecto mariposa.
b) Efecto Doppler.
c) Multiefecto.
d) Efecto dominó.

33. A efectos de la Norma Básica de Autoprotección, al máximo número de personas que puede contener un edificio, espacio, establecimiento, recinto, instalación o dependencia, en función de la actividad o uso que en él se desarrolle, se le llama:

a) Aforo.
b) Volumen.
c) Capacidad.
d) Saturación.

34. A efectos de la Norma Básica de Autoprotección, a la vuelta a la normalidad y reanudación de la actividad, se le denomina:

a) Reingreso.
b) Rehabilitación.
c) Normalización.
d) Superación.

35. A efectos de la Norma Básica de Autoprotección, riesgo es:

a) Elemento natural o técnico cuya función habitual no está asociada a las tareas de autoprotección y cuya disponibilidad hace posible o mejora las labores de prevención y actuación ante emergencias.
b) Probabilidad de que se produzca un efecto dañino específico en un periodo de tiempo determinado o en circunstancias determinadas.
c) Situación declarada con el fin de tomar precauciones específicas debido a la probable y cercana ocurrencia de un suceso o accidente.
d) Grado de pérdida o daño esperado sobre las personas y los bienes y su consiguiente alteración de la actividad socioeconómica, debido a la ocurrencia de un efecto dañino específico.

Solución al test n.º 16

1. a) La posibilidad de que un trabajador sufra un determinado daño derivado del trabajo.

2. c) Conjunto de actividades o medidas adoptadas o previstas en todas las fases de actividad de la empresa con el fin de evitar o disminuir los riesgos derivados del trabajo.

3. b) La naturaleza de los agentes físicos, químicos y biológicos presentes en el ambiente de trabajo y sus correspondientes intensidades, concentraciones o niveles de presencia.

4. a) Sí, sin distinciones.

5. c) Las enfermedades, patologías o lesiones sufridas con motivo u ocasión del trabajo.

6. b) La presente Ley tiene por objeto promover la seguridad y la salud de los trabajadores mediante la aplicación de medidas y el desarrollo de las actividades necesarias para la prevención de riesgos derivados del trabajo.

7. b) Es un accidente.

8. a) La Ley de Prevención de Riesgos Laborales se aplica a los operativos de Seguridad civil en casos de catástrofe.

9. b) Evaluar los riesgos que se puedan evitar.

10. b) Un proceso dirigido a estimar la magnitud de los riesgos que no hayan podido evitarse.

11. b) Comprobar que las empresas contratistas y subcontratistas concurrentes en su centro de trabajo han establecido los necesarios medios de coordinación entre ellas.

12. d) El órgano de representación de personal podrá acordar la paralización de la actividad.

13. c) Informar de inmediato a su superior jerárquico directo, y a los trabajadores designados para realizar las actualizaciones que consideren oportunas en el equipo de protección individual.

14. a) La evaluación de riesgos y la planificación de la actividad preventiva.

15. a) Deberá realizarse en caso de imposibilidad de adaptación del propio puesto.

16. c) Cuando los riesgos no se puedan evitar o no puedan limitarse.

17. b) Utilizar correctamente los medios y equipos de protección facilitados por el empresario, de acuerdo con las instrucciones recibidas de éste.

18. c) Impartirse, siempre que sea posible, dentro de la jornada de trabajo o, en su defecto, en otras horas pero con el descuento en aquella del tiempo invertido en la misma.

19. b) Priorizar medidas individuales a las colectivas.

20. a) Para un período determinado.

21. b) Autoprotección.

22. a) El titular de la actividad.

23. b) El coste de la implantación del plan.

24. c) Se designará, por parte de la autoridad autonómica, un órgano colegiado responsable único, con autoridad y capacidad de gestión, que será el órgano de dirección del Plan de Actuación en Emergencias.

25. a) El órgano competente en materia de protección civil.

26. d) Formar al personal sobre el desempeño de sus funciones.

27. c) 28 metros.

28. c) La conflictividad laboral de los trabajadores de la empresa.

29. a) El titular de la actividad.

30. a) El aviso o señal por la que se informa a las personas para que sigan instrucciones específicas ante una situación de emergencia.

31. b) Peligro.

32. d) Efecto dominó.

33. c) Capacidad.

34. b) Rehabilitación.

35. d) Grado de pérdida o daño esperado sobre las personas y los bienes y su consiguiente alteración de la actividad socioeconómica, debido a la ocurrencia de un efecto dañino específico.

Cómo acceder al Curso
Conserje
Test

El uso de los códigos **es exclusivo de los compradores de los productos de Editorial MAD**. Cada producto posee un código único y de un solo uso. Es personal e intransferible y da acceso a servicios y contenidos adicionales. Editorial MAD se reserva el derecho de hacer cuantas comprobaciones sean necesarias para identificar al legítimo poseedor del código y dejar de dar servicio a quien haga uso fraudulento del mismo, además de emprender cuantas acciones legales estime oportunas según la legislación vigente.

Deberás acceder a:

mad.es/registro-campus

Si una vez aceptadas las condiciones de uso del Campus decides hacer uso del mismo, necesitarás del siguiente código de acceso junto con los códigos del resto de títulos que se exigen (si fuera el caso):

9TK58FM43V